西南财经大学法学院
光华法学文丛

高晋康 主编

民法埋藏物发现制度研究

赖虹宇 著

本书出版得到西南财经大学『2019建设世界一流大学（学科）和特色发展引导专项』经费支持

法律出版社
LAW PRESS·CHINA

绪　论

一、研究论题

埋藏物(发现)制度是传统民法中的一项传统制度,观诸各典型的大陆法系传统国家和地区,如德国、瑞士、意大利等,均对其进行了规定,可谓历史悠久,甚至说起这一制度,还颇有古朴庄严之感。正如我国台湾地区著名法学家苏永钦教授所言,“埋藏物”是“民法典”中“不小心留下时空痕迹的小斑点,有时反而让人发思古之幽情”。[①] 无论民法的形式理性如何伴随欧陆民法典范及其蕴含的价值观念、意识形态而在世界范围内播撒,作为从“生活事实”走向“法律事实”的产物,埋藏物制度仍在民法典当中占据一席之地。

我国原有的《民法通则》(1986)与《物权法》(2007)亦规定了埋藏物发现制度,经由民事成文立法的体系通路,印证民法形式理性的

---

① 苏永钦著:《走入新世纪的私法自治》,中国政法大学出版社2002年版,第6页。

传播。虽然对埋藏物制度在我国民法规范上的缺失学界早有讨论,[①]但这些讨论较为集中于 1995~2003 年之间,彼时距离《民法通则》颁行已 10 年有余,可见这并非《民法通则》立法中为人所优先关注的议题。同时,无论是讨论的热度与广度,均表明这样的讨论仅是学者的一般化议论,而非学界关注的焦点。直到 2012 年四川彭州“吴高亮发现天价乌木案”爆发,距离《物权法》的颁行仅仅过去 6 年,这一案件所引发的对于埋藏物制度、无主物制度、自然资源制度等涉及“物之归属”的特殊规则的争论,乃至对于物权立法的价值理念、规范体系的反思方才得到激昂的争辩,甚至引发民法学界的论战。

有必要回顾一下这一案件的来龙去脉:

2012 年春节,四川省彭州市通济镇麻柳村 17 组吴高亮家附近,发现埋藏于地下的一批乌木,经鉴定树种为秋枫,估计市场价值上千万元。吴高亮自称发现者,并雇来挖掘机挖掘。

2012 年 2 月 9 日,通济镇政府接到举报,当夜赶往监控保护。随后在成都考古队专家指导下,镇政府挖掘出 7 件大型乌木,并运到当地客运站暂存。

2012 年 7 月,彭州市国资办正式答复:乌木归国家,奖发现者吴高亮 7 万元。而吴高亮提出这批乌木价值在 2000 万元左右,按照相关法规应该奖励自己 400 万元。

2012 年 7 月 26 日,吴高亮和姐姐吴高惠起诉通济镇政府,请求法院确认 7 件乌木为自己所有。

2012 年 11 月 28 日,成都市中级人民法院审理此案,双方就谁先发现天价乌木、天价乌木何处挖出、镇政府行为是否违法三大焦点问题进行了激烈交锋。

---

① 参见陈华彬:《埋藏物发现的若干问题》,载《法学研究》1995 年第 3 期;常鹏翱:《论我国埋藏物发现制度的完善》,载《人民司法》2000 年第 6 期等。

2012 年 11 月 29 日,成都市中级人民法院在乌木发掘的现场实地测量承包地以及河道的位置。双方对出土位置没有异议。但通济镇政府以及彭州市水务局称出土区域是河道,而吴高亮则称出土区域以前是二姐吴高惠的承包地。

2012 年 12 月 6 日,吴高亮向彭州市人民法院提起诉讼,起诉麻柳村 17 组,希望后者能够确认二姐吴高惠承包地位置,法院随后决定不予受理。

2013 年 1 月 16 日,成都市中级人民法院认定吴高亮关于乌木权属问题不属于行政诉讼受案范围,而属于民事诉讼范围;且乌木发掘地不在吴高惠承包地范围内,故当庭裁定驳回吴高亮关于乌木权属问题的起诉,其余三项诉讼请求继续审理,驳回吴高惠的全部起诉。

2013 年 6 月 15 日,四川省高级人民法院作出终审判决,驳回吴高惠、吴高亮上诉。

吴高亮"天价乌木案"引发的巨大争议,并未随着审判的落幕而偃旗息鼓。媒体报道,2019 年 5 月,四川达州市达川区万家镇的河沟附近,挖机工人挖出了一根长达 16 米的乌木,专家初步鉴定为金丝楠木,而关于乌木的所有权归属又再次引发争议。与彭州乌木案件略有区别的是,这次发生的争议又主要集中在"乌木归集体还是归国家所有"?①

回溯 5 年前的彭州天价乌木案以及后续的类似案件,乌木的所有权归属一直都是问题的核心所在。而伴随彭州乌木案的发展,针对《民法通则》与《物权法》中相关条款的批评与反思也超越舆论而进入学界的激烈讨论。第一,被埋藏的乌木究竟属于矿产资源、自然孳息、无主物还是埋藏物?这表明,对"被埋藏之物"的

---

① 张杨:《村里挖出 16 米长乌木该归谁?律师:埋藏物应归国有》,载《成都商报》2019 年 6 月 3 日。

属性定位是制度适用的前提和基点，同时埋藏物与矿产资源、自然孳息、无主物等之间的界定与区分是必须关注的问题。而从前述对彭州乌木案的案情梳理不难发现，乌木发现在何处、究竟由谁发现、由谁实际挖出，均从细节上影响着性质与归属的判定。第二，从案发时间节点的实定法角度观察，无论将乌木定位于何种法律上的类别，从物的归属层面“概归国有”的处理结论，显然无法满足发现者的利益诉求，产生“与民争利”的诘问，从法律规范的价值层面存在值得反思与批判的空间。

“天价乌木案”这一个案中聚集的这两大焦点问题，就理论研究的角度而言，凸显了两个重要的研究指向：第一，埋藏物发现制度与相邻制度之间的界限何在？实际上是指埋藏物发现制度的适用范围与边界，聚焦的是物权制度安排的规范体系化问题。第二，对“概归国有”简单规则的否定与批判，是对发现人利益的肯定与支持，指向的是在物权观念深入人心的当下，物权制度安排的价值体系化问题。特别是在民法典编纂的历史契机下，对原有的立法从规范到价值进行梳理、重排、整合、删改、新订，其目的亦是实现整个民事法律制度基于民法典规范的体系化与科学化。

党的十九大明确提出要实行“科学立法”，不仅是对立法程序科学性的直接要求，也直接设定了立法成效的核验标准。王利明（2008）提出，我国民事立法必须选择法典化的道路。在法典化事实上已经成为我国民事立法选择的前提下，重拾体系化思维与科学化方法，是在法典编纂过程中必须予以高度重视的问题。孙宪忠（2012）指出，必须借助潘德克顿法学防止立法碎片化，坚持科学主义的立法立场。

正如前所述，围绕天价乌木案而产生的学术论争，在埋藏物制度规则本身、国家所有权边界、社会财富法律分配公平化等方面都进行了充分的理论交锋，对埋藏物制度的立法缺陷有了进一步的认识，主张修正立法使其更加符合新时代的民事立法思想，更加符合民法典时代的法律体系化要求,在很大程度上是理论界的共识。因此,埋藏物发现制度体系化与规范化的重任承载于民法典编纂,特别是“物权编”的编纂之上。如何利用民法典编纂的历史机会,重新塑造以埋藏物为代表的物权制度,实现制度内部的“微体系化”,从而助益于整个“物权编”乃至民法典的体系化与科学化,应当是追求的理论方向。

然而,2018 年生效的《民法总则》仅一般性地对作为民事权利客体的“物”进行了规定,而将原《民法通则》第 79 条所规定的埋藏物规则与其他所有权取得规则一起排除在外,并未在总则部分予以规定。在全国人大公布的民法典物权编草案中,无论是一审稿还是二审稿,在这一问题上却完全沿袭旧有的立法规则,对学界理论争鸣后的制度成果视而不见,并未细致深入地对埋藏物制度作出科学设计。对比如表 0-1 所示:

表 0-1 《物权法》及民法典物权编草案涉埋藏物条文对比

《物权法》	草案一审稿	草案二审稿
第一百一十四条 拾得漂流物、发现埋藏物或者隐藏物的,参照拾得遗失物的有关规定。文物保护法等法律另有规定的,依照其规定。	第一百一十四条 拾得漂流物、发现埋藏物或者隐藏物的,参照拾得遗失物的有关规定。文物保护法等法律另有规定的,依照其规定。	第一百一十四条 拾得漂流物、发现埋藏物或者隐藏物的,参照适用拾得遗失物的有关规定。法律另有规定的,依照其规定。

值得思考的问题在于,较之于无主物制度在我国民事立法上的长期失语,埋藏物制度在经历巨大的舆论关注和理论论辩之后,仍然在民法典分编编纂中被选择性遗忘。是埋藏物制度已然完美无缺,而学者旷日持久的讨论只是无病呻吟吗?是以“乌木案”、“陨石案”、“狗头金案”为代表的特殊物品的所有权归属,在

现行立法框架下已然可以得到妥适安排吗？是较之于其他诸如“人格权是否需要独立成编”这些宏大的争议，埋藏物制度及其相关制度的体系协调不足以成为民法典编纂中的一个主题吗？还是过往饱受批判的旧立法理念仍应继续坚持，而批判本身有所疏失吗？这些问题，都使人备感迷惑。

二、研究综述

埋藏物发现，作为物权法上的动产所有权取得方式之一，在大陆法系国家的立法中被广泛设定。但囿于各国立法的传统与习惯，各个国家对埋藏物发现制度的规则设定并非遵循统一的模式与逻辑，例如，并非都对埋藏物这一概念进行界定，因此，对于识别埋藏物的方式与要件存在相应的差异。

（一）埋藏物的概念与要件

从学说史的源头进行梳理，埋藏物发现制度在罗马法中便已有提及。彼德罗·彭梵得（黄风译，2005）指出，“埋藏物是指任何自远古时代就被隐藏的可动物，因而任何人再不能声称对它拥有权利，因为它的所有主不仅无法查找，而且确实是不存在的”。英国学者尼古拉斯（Nicholas，B.）在《罗马法概论》（黄风译，2000）中提到，埋藏物是指被长时间隐藏，以致再不能够发现其所有主的有价值物品。罗马法确认了埋藏物须具有的价值性，此处有价值指的是贵重珍品，有广义和狭义的不同理解。江平、米健（2004）指出：保罗斯认为凡有金钱（pecunia）价值者即归此类，是广义的宝物；依《狄奥多西法典》规定则仅指珍贵物品（monilia），如贵金属、宝石等，为狭义宝物。可见，罗马法上的埋藏物发现制度，对埋藏物之“价值性”作了特别设定。这一观点用以确认：埋藏物发现的制度意义在于使有价值物重归社会利用，并且因其具有价值性从而具有所有权取得的必要与价值。需要注意的是，徐国栋（2017）主张，财宝的概念在客体的范围上、在客体的存在空间上、在客体的古旧度上、在有无所有权前手上,都与埋藏物的概念不同,“财宝”的外延大于“埋藏物”,我国在制定民法典时,应放弃埋藏物的概念,改采财宝的概念。

从大陆法系国家的立法规定上进行梳理,《瑞士民法典》(殷生根译,1987)第723条规定,“长年埋藏地下,且肯定已无所有人的有价物,被发现的,为埋藏物”。可见,在瑞士民法中,埋藏物的特征是:(1)长年埋藏性;(2)肯定已无所有人,即属于原先有主但现在无主的物;(3)属于有价物,即埋藏物具有价值性。《意大利民法典》(费安玲、丁玫译,1997)第932条规定,“埋藏物是某一隐藏或者埋藏在地下的,任何人都无法证明自己是物品的所有人的、有价值的动产”。其特征主要是:(1)隐藏或埋藏地下,即埋藏性;(2)被发现物的所有人无法确定,这里的无法确定,是反面倒推,即任何人不能证明自己是所有人,而非发现人证明其他人不是所有人;(3)价值性;(4)属于动产。尹田(1998)在其著作《法国物权法》中指出,《法国民法典》第716条第2款规定,“一切埋藏或隐藏的物品,任何人不能证明其所有权,且其发现纯为偶然者,成为埋藏物”。法国立法上的规定埋藏物与意大利民法上的规定大同小异,惟其在定义中,对发现行为限定在了“偶然性”上面。《俄罗斯民法典》第233条第1款规定可以理解为,埋藏物即埋藏在地下的或以其他方式隐藏起来的、其所有人不能确定或其所有人依法丧失其权利的金钱或贵重物品。《葡萄牙民法典》第1324条规定可以理解为,埋藏物是某一隐藏或埋藏的,且不能确定其物主的,具有一定价值的动产。葡萄牙民法也强调物的“有价性”,此点与瑞士、意大利等国民法相同。日本对埋藏物并未给出明确的定义。德国民法也未设专门条款予以明确,但可以通过《德国民法典》第984条的规定,推导出德国民法上的埋藏物,至少具有“长期埋藏性”与“不能查明所有人”两大特征。

基于各国立法的规定,学理上对埋藏物发现制度亦进行了相关总结。史尚宽(2000)将埋藏物定义为“谓包藏于他物之中,不易由外部目睹,而其所有人不明之物”。陈华彬(2004)指出,学者通说认为,埋藏物是指埋藏或包藏于土地或其他物中的,所有权归属不能判明之物。埋藏物的特征通常说来,有以下几点形成了共识而较少发生争议:第一,埋藏物必须是动产。不动产不能作为埋藏物发现的对象,传统民法上埋藏物发现也是作为动产所有权取得的方式而存在的。第二,埋藏物必须是被包藏或埋藏之物。所谓被包藏或埋藏,是指行为人从外在不易观察出该物之所在或状态。易言之,就是具有不易得见性,且之所以不易得见,系因为有他物之包藏或埋藏。第三,埋藏物所有权归属必须是不能判明。

仔细比对各国立法,不难发现,对于埋藏物的特征,还有三个重要问题需要进一步厘清:首先,埋藏物是否须有价值性？这一问题意味着,作为一项法定的制度,必须阐明:如果发现的埋藏物不具有客观意义的价值,是否就不发生所有权取得？同时,单一的物质价值评价在急剧变动的当代社会是否还具有稳定预期与利益衡平的意义？其次,埋藏物是否须长期埋藏？长期埋藏的特性,引致的后果是埋藏物的所有权人无法确定,但这一要素是否须作为埋藏物识别与制度适用的要件？如果是,则“长期”的具体界限如何确定,还需进一步予以研究。最后,埋藏物是否须人为埋藏？这一问题实际上表达的是埋藏物发现制度与其他制度适用的交叉与边界问题。在四川彭州的“天价乌木案”中,这一要件的识别是最大的争议点。关于徐国栋教授主张的以“财宝”概念取代“埋藏物”概念的主张,应全面予以审视。完全可以以“广义埋藏物”概念完成对传统“埋藏物”概念的深化与改造。“财宝”的概念反而从文义上更加叛离了“埋藏性”这一核心要素,更将其与“无主物”从权属认定上作出了生硬区分,实不足取。

(二)广义埋藏物与“埋藏环境”的制度意义

埋藏物发现制度属于大陆法系民法中的一项固有制度,因此,大部分的讨论均集中于民法意义上,即在所有权取得框架下对其进行讨论,某种程度上限缩了“埋藏物发现制度”讨论的理论空间,缺乏体系性的理论视角与超越法律部门的理论勇气。事实上,虽然各国民法典在关注“埋藏物”时,都对具有学术、艺术、考古或历史资料价值的物设定了转致条款,将这类物的所有权作了特别的设定。但是,很少有人透过这一角度,探寻与梳理埋藏物的类型与范围。现有研究中,屈茂辉(2000)区分了广义埋藏物与狭义埋藏物,认为前者是属于“一切包藏于他物之中,不易为外部察觉的物”,后者则属于“具有所有权取得意义的物”。但这一划分的论述逻辑在于,通过两相对比,进一步阐释排除于埋藏物所有权取得的无主物、不动产或无价值物。事实上,广义埋藏物的制度功用,可从两个角度进行反思:第一,广义埋藏物所涵盖的类型,是否有助于实现对制度本身的体系化检视?第二,广义埋藏物所具有的共性,即“埋藏性”的制度意义究竟何在?在“天价乌木案”的论证当中,有学者已经注意到这一问题。王建平(2013)认为,广义的埋藏物,包括了古生物化石、文物和矿产资源等,只有“文物”在很大意义上,更偏重于“人力的埋藏”,而古生物化石、矿产资源等,更多的是自然事件或者社会事件等“非人力的埋藏”完成的。

有研究(赖虹宇,2015)对这一问题进行了细致探讨,并通过研究表明“埋藏性”的重要制度意义。《瑞士民法典》第723条甚至明确,所谓埋藏物系指“常年埋藏地下,且肯定已无所有人的有价物”,由此可见,瑞士民法中直接将埋藏物定义为“被埋藏之无主物”,摒弃了对“无法判明”的要求,仅依“被埋藏性”认定为埋藏物。鲍尔、施蒂尔纳(2006)认为,对《瑞士民法典》第984条中的概念规定也不能过窄地理解,“可能从未属于任何人所有的标的物,也属于此类,例如,被发掘出来的化石亦即其他古物的发现”。这一观点亦能通过体系解释予以验证:大陆法系典型国家的民法典,均将从原始权属状态上来看属于“自始无主物”的古生物化石、矿产等在埋藏物部分作特别规定而引致到特别法予以调整,并非在无主物部分予以特别规定。从本质上来讲,抛开化石、矿产等物的特殊价值,其作为无主之物的本质与乌木、陨石等并无二致。对其在埋藏物体系下予以特别规定,说明"埋藏性"才是埋藏物的核心特征。因此,从事实层面上,"埋藏性"确认了被发现物与其他裸露状态之物的区别并因此直接决定了埋藏物特有的法律意义:第一,物之埋藏,本不为人所知,因发现而重归利用,此乃发现人得以享有所有权主张的法理之所在;第二,物之埋藏,客观上框定了埋藏环境,埋藏物环境权利人得依其地位享有所有权利益;第三,物之埋藏,协同"不能判明"的法律判断,从而确立埋藏物归属的制度基点。

现有研究表明,以"埋藏性"作为埋藏物发现制度的适用基点,可以合理地区分其与无主物之间的制度适用边界,但未尽的讨论在于:被发现之埋藏物,无论是发现者个人具有利益,还是国家作为所有权兜底者,并非必然是具有民法上所有权取得意义的"利益物"。因此,重拾"埋藏性"的框架,能否实现结构化的、体系化的埋藏物类型梳理,从而将其适用规范嵌构于民法典分编编纂的过程当中,应是研究的重要方向。

(三)埋藏物的"发现"行为

梁慧星、陈华彬(2007)指出,所谓"发现",是指认识埋藏物的所在。"发现"是埋藏物发现制度的核心。该制度的要义在于通过"发现"这一行为最终发生动产埋藏物所有权变动的法律效果。任何埋藏物不经"发现",就不能进入埋藏物发现制度体系中进行评价。

然而对于发现行为的构成要件,比较法及相关立法上多有不同。梁慧星(1998)总结道,依占有是否是发现行为的构成要件,分为单纯发现主义与占有要件主义。前者是指,仅仅因为发现行为本身即可构成发现,不必然要求占有;后者是指,除了发现行为,还需要占有,才能构成发现。前者为通说。单纯发现主义在立法上主要体现在日本和瑞士民法中。而占有要件主义则主要体现在德国民法中,并为我国台湾地区"民法"所继受。

依照《法国民法典》和《意大利民法典》,发现仅限制在"偶然"范围内,这一观点肇始于罗马法,彼德罗·彭梵得(黄风译,2005)指出,"在他人土地中发现埋藏物的人,只有当他偶然发现该物时,才按他应得的份额取得埋藏物"。周枏(2009)指出,"埋藏物只能是无意中偶然发现的,除永租人、地上权人、用益权人外,非经所有人同意,不能任意在他人土地上挖掘搜索,否则就是侵犯他人的所有权"。在其他大陆法系的立法中,对于是否需要"偶然性"作为发现行为的要件未作规定。

现有研究对埋藏物发现行为的研究尚不充分,其主要问题在于两个方面。首先,从方法上,仅仅关注从比较研究的角度,梳理其他国家的立法例,从而论述我国应可采用的模式,这种方法本身科学性不强,应辅助于其他方法的应用,如价值分析方法等。其次,仍然限于民事法律层面的利益对埋藏物进行规则建构,尚未关注到基于广义埋藏物视角,在埋藏物类型化建构基础上,对发现行为的实态考察。例如,现实生活中普遍存在矿产资源探测、文物科考发掘等,很难将其直接固定于"事实行为"层面,或仅局限于"偶然而非有意发现"等层面,从物之本质来讲,特殊类型的埋藏物亦属于埋藏物,只是在所有权归属上,因基于"取得方式"还是"法律规定"而有所不同。从这个意义上来说,对埋藏物发现制度"发现"行为本身的研究,是埋藏物发现制度体系化的重要一环,但却在现有研究中有所忽略,究其原因,则是埋藏物发现制度体系化建构与科学化研究的缺失。而这需要通过适用统一的逻辑、统一的方法予以建构。

(四)埋藏物的所有权归属

埋藏物的所有权归属,是当前国内研究中最为重要的议题。

在其他国家或地区的立法上,存在多种归属模式。

第一,发现人取得所有权主义。江平、米健(1991)指出:从源流上来看,罗马法就规定在自己土地上发现的归自己,在他人土地上发现的则要区分情况,原则上与土地所有人平均分配,但该土地若是公共土地,则另一半由国库收取。近现代大陆法系国家,大多在其法律中确定了发现人对埋藏物的有限取得主义。法国关于埋藏物的发现问题,由其民法典予以调整,规定在该法典第3卷“取得财产的各种方法”中。日本也在其民法中确立了发现人有限取得主义。日本民法关于埋藏物的发现,规定在该法典“物权编”之“所有权的取得”一节中。将其与法国民法的规定相比较可知,两者关于在他人物(土地)中发现埋藏物的所有权归属规则是一致的,即与物之所有人各占一半。德国、意大利、我国台湾地区也设定了类似规则。

第二,发现人请求报酬主义。《瑞士民法典》别具匠心地设定了这一规则。从《瑞士民法典》观察发现人请求报酬权主义,具有以下几个特点:(1)所有权归属主体的一元化,即埋藏物的所有权归属于发现地点的土地或动产所有人。发现人并不能在所有权归属上请求份额,即不会出现所有权归属主体多元化。(2)发现人享有的仅是报酬请求权,即立法仍然关照发现人权益,但更为注重埋藏及包藏环境人的利益,仅仅赋予发现人报酬请求权以表彰发现行为并照顾发现人权益,发现人不得提出所有权主张。(3)发现人享有的报酬请求权有上限规定,即不得超过埋藏物本身价值的半数。因此,发现人可能获得相当于埋藏物价值的半数的报酬,从价款数额上来看,可能与在“所有权有限取得主义”下发现人在某些情形中获得的价款数额相当,比如埋藏物交易变价、所有权虽归属于埋藏物环境人一方但发现人获得对应价款。但两者相比较仍有差别,主要体现在:首先,报酬请求权主义下的发现人所获数额,是发现人权益的表彰;而有限取得所有权主义下的发现人所获数额，是所有人权益的表现，是因发现行为而被赋予的所有人权益。其次，报酬请求权主义所获利益体量即报酬数额，是不确定的、有上限的，在埋藏物本身价值的半数以下浮动；而有限取得主义模式下的发现人所获利益体量是确定的，即与包藏物人各取一半，且当不为变价等情况时，可能仅表现为对物的共有，而不必然体现为价款的获取。

第三，埋藏物发现后的国家所有权主义——先占权主义。在德国古代法中，奉行发现埋藏物的“公有主义”，发现的埋藏物归属国王或者诸侯所有（史尚宽，2000）。埋藏物发现后的国家所有权主义，即埋藏物发现后，作为公民的个体权益被无视，国家基于主权对发现后的埋藏物进行先占从而取得所有权。在大陆法系国家民法中，这种立法例在现时已不多见。近现代民事立法中，埋藏物发现后的国家所有权主义立法主要体现在强调集体利益、强调主权至上的社会主义立法实践中。其中以 1964 年《苏俄民法典》和我国《民法通则》与《物权法》为代表。

对于国家取得所有权主义，即先占权主义，学者大多持激烈的批判态度。王建平（2013）指出，我国采取主权先占主义的立法指导思想或者物权立法宗旨，一方面，表明立法者在埋藏物与遗失物之间的界限区分上，出现了严重的立法倒退与规则模糊化，这是在《物权法》生效 4 年多以后，无法妥当处理乌木事件的缘由所在；另一方面，《物权法》多将无主物和主体缺失的财产，规定或者判定为“归国家所有”，将国家这个行政主体降格为民事主体，过度扩大其利益范围，是“不适应市场经济发展要求”，导致物权立法价值缺失，扼杀先占制度并将政府置于不诚信地位的一种非常不妥的做法。朱虎（2016）则阐明，并非所有财产都应采取国家所有方式实现规制目的，选择何种规制方式应考量多个因素并按照比例原则进行审查。在乌木事件中，对乌木挖掘的负外部性的消除不应通过将乌木归属于国家所有的规制方式实现，相关的私法规范应据此予以解释，甚至进行合宪性的目的性限缩，乌木不能由国家直接享有或取得所有权。他还进一步分析指出：如果《民法通则》第79条第1款未规定埋藏物由国家单独取得所有权，那么无论规定由发现人单独享有所有权，还是规定由发现人与其他主体共同享有所有权，可能都不会导致如此大的争论；如果放在新中国成立初期，同样也不会产生这么大的争论。这一结论表明，乌木事件及其表征的埋藏物发现制度的、无主物先占等动产所有权取得制度的不科学性，折射了民众观念的演进与变迁。龙卫球（2012）则指出：乌木事件“折射了我国社会的观念变化和法理变迁……实质上是对民法体系的一种实质的内在价值关联的检讨”。

在历次民法典编纂的背景下，无论是王利明教授主持的学者建议稿（2001），还是梁慧星教授主持的学者建议稿（2013），乃至徐国栋教授的《绿色民法典》，以及新近的李永军教授领衔的中国政法大学版建议稿（2017），都对“国家先占所有”的立法立场进行了修正。但从目前的学者建议稿来看，仍然存在以下问题：第一，立法设计上偏重于比较法的直接借鉴，缺乏系统深入的详细论证；第二，过于注重所有权归属的认定，忽略了埋藏物定义、发现行为、限制与约束等规范的设计；第三，没有将埋藏物发现与无主物先占、自然孳息归属等其他所有权取得方式作体系性考量，适用界限仍不清晰，规范与规范之间仍然割裂。

综上所述，当前埋藏物发现制度研究，在“天价乌木案”之后，已然凝聚了相当的共识，即埋藏物归属的国家先占主义应予修正，埋藏物发现人应基于其发现行为取得发现物的所有权利益。同时，基于现有的讨论，还引申到了宪法国家所有权与私法上的国家所有权之间的关系问题，并就国家所有权本身的类型化作出了相应的研究（金可可，2016）。但是，“乌木案”作为个案，以及其后屡次发生的“陨石案”“狗头金案”，不仅是在所有权归属层面提出了质疑和挑战，也对埋藏物发现制度本身及其与其他制度之间的关联提出挑战。

仅就埋藏物发现制度本身的科学化完善而言，为现有研究所忽略的问题在于如下几个方面：

第一，埋藏物的定义及其类型化问题。从根本上说，埋藏物如何重新构造是所有问题的根源。其涉及的关联问题是：(1)埋藏物内部的体系化，即民法上的具有所有权取得意义的利益型埋藏物(狭义埋藏物)与特殊埋藏物(文物、古生物化石等)在物之属性而非物之归属上的区别与联系。(2)埋藏物外部的体系化，即埋藏物与无主物之间的关系如何认定，涉及的便是埋藏物是否必须为过去有主物。(3)从事实层面考察，发现某一被埋藏物，是否就必定是利益物？是否可能存在致害物？立法应如何回应？其涉及的是，埋藏的"原因力"是否必须基于"人为"。

第二，埋藏物发现行为的科学化构造问题。发现行为是否必须基于"偶然"？发现行为的"事实行为"定位是否存在适用范围的限制？带有意思表示的"法律行为"发现是否当然被排除？影响发现行为的因素应如何限定？"发现"的法律意义应当如何妥当阐释，亦即"发现"与"所有权"判断之间的关系如何厘清？

第三，埋藏物发现后的归属规则问题。对"国家先占主义"的否定，是否意味着应当适用单一的"1/2 规则"？是否应当在区分不同类型埋藏物的前提下，适配不同的归属规则？发现人请求报酬主义与发现人取得所有权主义之间应如何拣选？

第四，埋藏物发现制度所蕴含的价值衡量问题。众多的埋藏物类型，实际上是凝结着不同的社会价值，也代表着不同的社会利益，任何简单的、粗线条的、"一刀切"式的规则设计都难谓妥当。我们如何对待埋藏物发现制度，一方面取决于立法者对相关利益攸关者的权益平衡与利益关照，另一方面更植根于普罗大众对于因发现埋藏物而"取得所有权"这一问题所秉持的心理和态度。对此，也应深入检视，仔细衡量。

三、全书结构

本书立足体系研究与比较研究的基本方法，对埋藏物制度的各个方面进行全方位剖析，旨在实现埋藏物制度、民法所有权取得制度、民事法律制度整体在规则与价值两个层面的体系化与科学化。本书研究的主要内容与基本问题是：

本书绪论部分首先对《民法典》编纂背景下埋藏物制度的基本问题进行了阐释，并对本书所涉及的研究命题、研究方法与研究路径进行了初步揭示。具体而言：一是立足于文献梳理，对埋藏物制度中蕴藏的争议问题进行归纳；二是立足于立法背景，对埋藏物制度所面临的立法变迁的时代因素进行描绘；三是立足于体系化方法，对埋藏物制度的科学化改造路径进行设想。在此过程中，还涉及对“国家所有权”等问题的相关评析。

第一章主要论证埋藏物的定义与广义埋藏物。该部分通过比较大陆法系各国对埋藏物的立法定义，论证埋藏物在学理上的定义。同时，基于当前埋藏物制度的适用困境，以无主物制度与埋藏物制度的体系关系为视角，详细论述了两者之间存在的三种现有关系模式，并对现有关系模式的缺陷及其原因进行了总结。进而通过对“埋藏性”这一事实特性的总结，从广义角度定义了埋藏物，即“处在被埋藏(或包藏)环境中而难以为人从外部所观察到的一切物”。

第二章到第四章详细论证了埋藏物的发现行为。第三章对埋藏物发现行为及其性质作了阐述和分析，论证了广义埋藏物定义下的埋藏物发现具有事实行为层面与法律行为层面的复合性，同时论证了埋藏物发现在价值发现与价值复归上的制度意义及其对后续处理的影响。第四章主要论证了埋藏物发现行为的关系结构。从主体和客体角度论证了发现行为的不同情形，如个体发现、指示发现、单位发现、职务发现与联合发现等；并从客体类型上论述了广义埋藏物涵盖了民事意义上的埋藏物(包括一般的狭义埋藏物、价值极高的自然物、自然孳息),以及特殊利益型埋藏物(包括文物、矿产资源、古生物化石),还有致害/违禁型埋藏物等埋藏物类型。第五章则论述了论述了基于法律目的的立法规则约束,对埋藏物发现设定的诸多限制与禁止性规则,包括对一般埋藏物"私自"探寻与挖掘的禁止,对特殊利益埋藏物探寻与挖掘的禁止,以及禁止发现和挖掘致害/违禁型埋藏物。

第五章到第七章着重分析了埋藏物发现后的归属及处理。第六章旨在从一般规则上论证民法上埋藏物发现后的归属判断,包含所有权归属的不同学说,以及埋藏物环境、先行为对埋藏物发现行为及其归属的影响,最终得出结论,当前民事立法中的遗漏在于缺乏对无主埋藏物的归属规则。第七章是对狭义埋藏物、特殊埋藏物等利益型埋藏物作出的归属规则上的立法设计。对狭义埋藏物而言,是以发现取得有限所有权为一般规则,区分具体类别而采差异化规则,以报酬请求权作为补充。对特殊利益型埋藏物而言,则是根据特别法以国家所有为主。第八章探讨了对发现致害型埋藏物、违禁型埋藏物的归属和处理的制度设计。除了归属规则之外,还包括发现该类埋藏物之后的义务承担与受损后的处理等规则。

结语部分在本书论证的基础上,从宏观上对埋藏物制度的完善作出整体概括,着重论述科学的埋藏物利益关系处理规则的现实必要、先占权理论与个体先占理论的纠偏、埋藏物制度的结构体系化与《民法典》编纂三个问题,为埋藏物制度在规则上的完善提供了理论支撑。

第一章 埋藏物的界定与广义埋藏物

第一节 埋藏物界定的比较分析

一、各国及地区立法中埋藏物的界定

发现埋藏物是大陆法系国家及地区中动产所有权取得的方式之一。后世通说将罗马法中的埋藏物界定为："埋藏物是指任何自远古时代就被隐藏的可动物，因而任何人再不能声称对它拥有权利，因为它的所有主不仅无法查找，而且确实是不存在的。"[①]优士丁尼在《学说汇纂》中称，埋藏物是"一些很久以前被埋藏起来的且已被遗忘的财产"，是无主物。因此，它归发现它的人所有，因为在被发现之前它不属于任何人。如果有人出于赢利、恐惧

---

① [意]彼德罗·彭梵得：《罗马法教科书》，黄风译，中国政法大学出版社2005年版，第153页。

或保管等原因而将某物埋藏于地下，那么该物就不是埋藏物。① 依据罗马法，作为权利客体的无主物共有五种：从未为人所有的物、敌人物、无人继承的遗产、舍弃物、埋藏物。可见在罗马法时期，埋藏物是作为与自始无主物并列的无主之物而被看待的，即将它作为土地的附属物对待，法律上作了特殊的处理，将它作为无主物处理。②

自罗马法以降，埋藏物在多个大陆法系国家的民事立法中均有所涉及，但对于埋藏物的定义，却并非每个国家都在立法中予以明确。较为典型的有如下国家：

《瑞士民法典》第 723 条第 1 款规定："有价值的物，被发现时，依其情事，可确信因常年埋藏或隐藏而不再可能寻找得到其所有人者，为埋藏物。"③其后，该条第 2 款和第 3 款分别规定了埋藏物发现后的所有权分割，以及发现人的报酬请求权规则。仅就定义来看，《瑞士民法典》中的埋藏物定义具有如下特征：第一，埋藏物必须是有价值的物；第二，肯定已无所有人，即该物属于原先有主但现在无主的物；第三，必须满足常年埋藏性，即常年埋藏（隐藏）是造成该物所有权人不明的原因。

《意大利民法典》第 932 条规定："埋藏物是某一隐藏或者埋藏在地下的，任何人都无法证明自己是物品的所有人的、有价值的动产。"④据此，意大利民法中的埋藏物特征主要是：第一，强调埋藏性及其范围，即隐藏或埋藏在地下；第二，强调埋藏物的有价值性；第三，所有权状态的认定事实上是举证责任的分配规则，即用"任何

① [意]《学说汇纂（第四十一卷：所有权、占有与时效取得）》，贾婉婷译，纪蔚民校，中国政法大学出版社 2011 年版，第 45 页。

② 周枏著：《罗马法原论》，商务印书馆 1994 年版，第 318~320、362~363 页。

③ 《瑞士民法典》，戴永盛译，中国政法大学出版社 2016 年版，第 259 页。

④ 《意大利民法典》，费安玲、丁玫译，中国政法大学出版社 1997 年版，第 259 页。

人不能证明自己是”所有人进行反面倒推，而非发现人证明其他人不是所有人，从而此处的规则中并未明确该埋藏物是否属于原先有主物；第四，强调埋藏物须为动产。

《法国民法典》第 716 条第 2 款规定：“一切埋藏或隐藏的物品，任何人不能证明其所有权，且其发现纯为偶然者，称为埋藏物。”①从立法上的规定来看，法国与意大利其实大同小异，惟其在定义中，对发现行为限定在了“偶然性”之上，则显著区别于其他国家立法。从立法条文上观察，似乎难以解读出更多的规范意蕴，但在学理上学者多有相反主张。首先，学理上认为法国法上的埋藏物，必须是由其所有人有意埋藏的。② 这一方面表明，法国法上的埋藏物，必然系原先有主之物；另一方面则意在表明，地震、火山等自然力原因造成物被埋藏的，并非归属于埋藏物制度调整。其次，学理上还认为法国法上的埋藏物必须是被所有人所遗忘之物。法国法上，埋藏物实际上的所有人应是“不能辨认”的，正如卡尔波尼埃所指出的，“埋藏物的概念系于‘被遗忘’”③，如果某项财产的所有人能够被确认，则涉及返还原物的问题，而非所有权的直接取得。④

虽然德国、日本、秘鲁等国民法典以及我国台湾地区“民法”中对埋藏物制度均有所规定，但都并未直接对埋藏物进行定义。例

① 尹田著：《法国物权法》，法律出版社 2009 年版，第 235 页。

② 尹田著：《法国物权法》，法律出版社 2009 年版，第 236 页。

③ Carbonnier, Les biens, n°248, p. 371. 转引自尹田著：《法国物权法》，法律出版社 2009 年版，第 236 页。

④ 有关判例说明：法国最高法院刑事法庭 1976 年 10 月 24 日判决的案件中，一清理企业财产的两个雇员将一不动产的地窖内发现的金币和银币据为己有。法庭认为，基于从前藏匿这些金币的出租人在其遗嘱中已指出这些财产，故它们并未被遗忘，他们应属其继承人所有。在此种情形，不适用《法国民法典》第 716 条，法庭判决两个雇员的行为构成盗窃罪。Crim., 24nov. 1976, B. cr. n° 342; D., 77. I. R, cité par Malaurie. 转引自尹田著：《法国物权法》，法律出版社 2009 年版，第 236~237 页。

如,《德国民法典》第984条规定:“长期被隐藏以致不再能查明所有人的物(埋藏物)被发现,且因该发现而被占有的,所有权的一半由发现人取得,另一半由该埋藏物被隐藏于其中的物的所有人取得。”但可由此推导出,德国民法上的埋藏物,至少具有“长期埋藏性”与“不能查明所有人”两大特征。再如,《秘鲁共和国新民法典》第934~936条是对埋藏物制度的规定,该国民法典并未对埋藏物直接下定义,但明确了埋藏物的发现范围,即他人未围圈、种植或建筑的土地上。①

从各国及地区立法上来看,埋藏物的构成要件并非一概而论。从共识上来看,埋藏物须具有一定的价值性得到了各国(地区)直接或间接的确认,同时埋藏物必须“被埋藏”应无任何疑义。但各国(地区)之间的差异则更加丰富,例如,埋藏物是否必须是原先有主物,各国(地区)或直接明确,或通过程序认定规则容纳更多可能性。再如,是否必须经常年埋藏,各国(地区)亦未有共识。法国独具特色地规定了埋藏物发现的偶然性,显著区别于其他各国(地区)立法。

二、埋藏物之学理上定义检视

根据大陆法系各国立法对埋藏物的定义,学者也从学理上归纳埋藏物之定义。较为典型者,史尚宽先生将其定义为“谓包藏于他物之中,不易由外部目睹,而其所有人不明之物”。② 通说则认为,埋藏物是指埋藏或包藏于土地或其他物中的,所有权归属不能判明之物。如郑冠宇先生定义之,“乃隐藏于他物之中,而其所有人不明之动产”。③ 据此,埋藏物的特征通常说来,有以下

① 《秘鲁共和国新民法典》,徐涤宇译,北京大学出版社2017年版,第186页。
② 史尚宽著:《物权法论》,中国政法大学出版社2000年版,第138页。
③ 郑冠宇著:《民法物权》,新学林出版股份有限公司2015年版,第136页。

几点：

第一，埋藏物必须是动产。不动产不能作为埋藏物发现的对象，传统民法上埋藏物发现也是作为动产所有权取得的方式而存在的。

第二，埋藏物必须是被包藏或埋藏之物。所谓被包藏或埋藏，是指行为人从外在不易观察出该物之所在或状态。易言之就是具有不易得见性，且之所以不易得见，系因为有他物之包藏或埋藏。

第三，必须是埋藏物所有权归属不能判明。此处规则看似清晰明了，但事实上存在较大争议，同时也决定着与其他相关制度的适用界限。在我国的“乌木案”中，能否将乌木适用于埋藏物制度的核心亦在于此。后文将对此进行详细阐述，笔者此处仅指明：“不能判明”，应理解为根据各种客观情况综合判断的结果，而非发现人自己主观上的认定。对此，传统民法学者认为，埋藏物系属有主物，即原先有主而只是现在无法判明。埋藏物究竟有主还是无主，是发现后所作的判断，发现后其可能有主、也可能无主、还可能不能判断其是否有主，因此，须根据情况适用不同的处理规则和程序。

除此之外，对于埋藏物制度的要件，还有三个问题尚待厘清。

首先，埋藏物是否必须具有（高）价值性？意大利民法和瑞士民法均肯认埋藏物是具有价值性的物，所谓价值性即对于发现人或人类社会具有物的有用性。埋藏物制度的核心制度价值在于使物重归利用，增益社会财富，因此将埋藏物限定在有价物具有合理性。但作者认为，任何物都是具有客观价值的，但从使用价值角度而言，物的价值就具有相对性。某一客观价值极小的物，对不同的发现人而言可能具有不同的意义。就埋藏物制度而言，物的有价性并非制度的关键，不同的价值代表着不同的社会利益，在处理上可能适配不同的规则。因此，埋藏物定义的要件不必固定在有价物上。

其次，埋藏物是否须长期埋藏？长期埋藏的特性，引致的后果是埋藏物的所有权人无法确定。但这一限定实无必要。一方面，埋藏的具体时间，发现人往往无法确定，并且埋藏时间长短对埋藏物发现后的归属和处理没有实质意义。这一要件通常用来证明，由于时间过长而使得所有权人无法确定，即常年埋藏是所有权人状态不明的原因而非其他，但事实上，即便埋藏时间较短亦可能导致所有权人无法确定。埋藏时间的长短并不必然决定发现后所有权人的确定，时间长或时间短，都有可能在该物被发现后无法确定所有权人。

最后，埋藏物是否须人为埋藏？这一问题是埋藏物制度的核心问题之一，与前述所有权人无法确定的要件息息相关。如果肯认埋藏物必须人为埋藏，则将乌木、陨石等自然产生物排除于制度适用之外。如果不将这一要件作为埋藏物制度的构成要件，则意味着埋藏物制度的客体范围扩张，可能将自始无主物等纳入制度框架，从而产生与其他相关制度的规范适用争议。因此，有必要细致梳理，厘清埋藏物制度与无主物制度间的关系模式，从而回答这一问题。

第二节 与无主物间的关系模式

一、域外立法的体系考察

观察埋藏物制度与无主物制度在各国民法中的体系定位，是比较考察域外立法例中两者制度关系的一个重要方法。埋藏物与无主物同属动产所有权原始取得的方式，两者的体系定位表达着二者的制度关系。本书选取大陆法系具有代表性的三个国家民法典作一分析。

《德国民法典》“物权编”第三章“所有权”第三节“动产所有权

的取得和丧失"中,规定了无主物先占与埋藏物(宝藏)发现。但"先占"作为第五小节在该节中与"转让""取得时效"等方式一起,共同组成动产所有权取得的原因,而埋藏物发现则归于第六小节"拾得"中,作为拾得的一种发生所有权的取得。[①]"与无主物相反,前提要件并不是所有权人已经抛弃了该物;与拾得也不相同的是,该物是'无人占有的',并不一定是必需的。"[②]依此体系解释,可知在德国法中,认为先占制度适用于无主物的原始取得,而埋藏物发现则适用于原先有主物。

《法国民法典》"三编制"立法构造独具特色。第三编"取得财产的各种方法"总则中的第716条规定了埋藏物并对其进行了立法定义。然而第三编是关于所有权问题的集中编纂,条文规模宏大,因此仅从体系位置上难以观察出端倪。从文义解释的角度,"一切埋藏或隐匿的物件"与"任何人不能证明其所有权"等定义似乎均能推知,埋藏物不应限定在"原先有主之物"上。唯根据学者解释,认为"埋藏物之所以成其埋藏物,最重要的是其所有人有保留所有权的意愿",因此,须是有意埋藏,区别于从未设定所有权的标的等无主动产。[③]

《意大利民法典》第三编"所有权"第二章中,系以"先占和发现"并列于"添附、加工、附合与混合",共同构成所有权的取得方式,在其分节下,还纳入了"拾得物"。《意大利民法典》的一个突出特点是,对"能够通过先占取得的物""埋藏物"均给出了明确定义,前者限定为"不属于任何人所有的动产",后者则是"某一隐藏或者埋藏在地下的、任何人都无法证明自己是物品的所有人的、有价值的动产"。依文义解释,从埋藏物之定义中似乎并不能直接推

① 《德国民法典》,郑冲、贾红梅译,法律出版社1999年版,第227页。

② [德]鲍尔、施蒂尔纳著:《德国物权法》(下册),申卫星、王洪亮译,法律出版社2006年版,第519页。

③ 尹田著:《法国物权法》,法律出版社2009年版,第236页。

断其属于“原先有主物”,唯对“拾得物”通过第927条规则解释,可知拾得物为原先有所有人之物。相反,通过体系解释,有理由作如下三种区分:一是先占适用于无主物发生所有权的即时取得;二是拾得物适用于原先有主物,在公告程序后发生所有权取得或价金取得;三是埋藏物则得依于所有权无法判明(方式为“任何人都无法证明自己是物品所有人”),而发生所有权的有限取得。笔者认为,这里隐含的逻辑是:所有权无法判明在客观上包括多种情形——该物可能是有主物(包括遗失物),也有可能是抛弃物等嗣后无主物,而仅依发现后的全部现有条件无法具体确知。

承上所述,在不同的大陆法系国家中,对于埋藏物究竟是否直接适用于有主物并无明确规定。德国法上可通过体系解释得出这一结论,而法国法上来源于学理解释,意大利却难以得出近似结论。因此,概而认为“埋藏物制度适用于有主物”在比较立法例中并非当然结论。从我国的情况来看,由于无主物先占制度并未成为我国《民法通则》与《物权法》中的成文规则,因此,难以通过体系解释的方法总结其与埋藏物发现制度的体系关系。《民法通则》第79条第1款之“所有人不明”推知埋藏物系属有主物,可视作我国目前立法对这一问题所采之立场,但从文义上进行再解释的空间仍存,也难以成为当然结论。

二、区分适用模式

区分适用模式是埋藏物与无主物关系中的主要模式。该模式认为两种制度虽然都是动产所有权取得的方式,但是,属于判然有别、相互排斥的两种制度。[①] 两者之间的界限划分,在于调整对象之不同,认为埋藏物并非无主物,从而使调整有主物的埋藏物发现

① 金可可:《论乌木之所有权归属——兼论国家所有权之种类及其限度》,载《东方法学》2015年第3期,第82~97页。

制度与无主物先占制度相区别。国内学者认为“将埋藏物视为无主物，有违交易安全，且两种制度分别调整不同对象，将之混淆，不利于在我国建立先占制度，也不利于物权法体系的完善。故而，埋藏物不应是无主物”。①

区分适用模式符合了德国民法中动产所有权取得的体系逻辑，能够较好地调整现实生活中的大多数情形，因而被广泛接受。但区分适用模式仅以适用对象作为制度区分的唯一标准也有明显的缺陷。以德国民法为例，与无主物的原始取得进行体系对应的是“拾得”。而埋藏物与遗失物之区别，在于埋藏物之“发现”与遗失物之“拾得”在所有权之取得意义上同构，但行为实施对象之“状态”不同。埋藏物的首要特性和埋藏物发现制度适用的根本前提，在于发现物之“埋藏性”，区分适用模式则根本忽略了这一点。

三、特殊转换模式

我国的现有立法确立了一种特殊的模式，即将埋藏物发现区分不同情况，作不同处理。第一，可判明所有人，则为有主物，发生物之返还与归属；第二，无法判别所有人，则视为无主物，概归国家所有。

一方面，该二分方法具有一定的合理性。因为对“所有权人不明”的分析是判断的结果而非前提，是“发现”行为引发了“判断”的必要。当能够判定被发现物之埋藏人时，意味着能够判断该物处在埋藏人之占有状态下，发现人之发现行为并未产生使其重归社会利用的法效果，也就不足以有获得法律表彰的“贡献”。此时作返还处理，既无涉发现人的所有权主张，也能够保护该埋藏物真正权利人的利益，因此应予借鉴。

---

① 常鹏翱：《埋藏物发现的若干法律问题》，载《云南法学》1998年第2期，第50~54页。

但另一方面，从埋藏物发现后的所有权归属来看，该规则架空了传统意义上的埋藏物发现制度。调整对象上将“被埋藏之无法判明物”，直接偷换成“无主之物”，从而发生国家所有的效果。它不同于“先占自由主义”由发现人获得所有权，也不同于“二元主义”中“先占权”仅适用于无主不动产，①而是在经济公有制背景下，将“先占权”的适用对象扩展到普通的无主动产之上，意味着通过国家主权的立法宣誓，表彰出凡无主财产均归于国家所有。

四、先占涵盖埋藏物发现模式

我国民法并未规定先占制度，因此，该模式主张来自学者的理论构建。具有代表性的是如下两种方式：

第一，基于“无主财产”概念，将埋藏物、隐藏物作为“无主财产”的一个子类来构造处理规则。认为“不能因为社会主义国家的性质就否定无主财产先占取得制度之必要性”，“中国未来民法典在对无人认领的埋藏物、隐藏物归属进行设置时应当借鉴域外立法的经验并结合中国国情确定无人认领埋藏物、隐藏物之归属”。②可见，该种观点将“无人认领之埋藏物”直接肯认为“无主物”，制度适用定位于先占取得，唯在所有权归属规则上借鉴域外埋藏物立法。

第二，有学者基于“占有权”的理论构造，主张以先占制度来涵摄埋藏物制度。该学者认为，“现代社会中，能够先占的财产范围

---

① 关于无主物的先占取得，各国主要有三种立法例。其一为先占自由主义，不区分动产与不动产，一律允许自由先占而取得其所有权，为罗马法所采。其二为先占权主义，国家对不动产有先占权，动产须法律之许可方能取得所有权，为日耳曼法所采。其三，二元主义，为现今世界多数国家所采。意指无主动产适用“先占自由主义”，个人得依先占取得其所有权，而无主不动产则适用国家先占主义，唯国家得享有其所有权。参见梁慧星著：《中国物权法研究》，法律出版社 1998 年版，第 527 页。

② 李迪昕：《无主财产法律问题研究》，吉林大学 2013 年博士学位论文。

大大缩小。无主的土地和其他不动产几乎没有了,即使有,也是归国家所有;遗失物、埋藏物要归还原主或交公;野生动植物不是随便可以先占的,有动植物保护条例;捕鱼、采矿,要经过国家有关部门的许可。实际上,能先占的几乎只剩下抛弃物,而且还要看抛弃是否有正当理由,对国有企业经营者恶意抛弃的国有资产,就不能先占。但不管怎样,先占作为一种物权设立方式,在物权法中应该得到认可”。“然而,先占所设立的不一定限于所有权,如果先占人只想取得无主物的占有权,有何不可”,“遗失物、埋藏物在交给失主或有关部门之前,拾得人、发现人凭什么占有?之后又凭什么取得酬金?这需要相应的权利依据,以便拾得人、发现人有权对抗他人争夺和主张报酬。而谁先拾得、谁先发现,无疑是确定拾得人、发现人及其权利的最自然、最公平的尺度。扩大先占的适用范围,可以使先占这种古老的物权设立方式获得新的活力”,“先占应该定义为物权人在无主物、遗失物和埋藏物先行设定所有权或占有权的行为”,并规定了构成要件为,“1. 先行占有无主物、遗失物和埋藏物;2. 所占有的物不违反法律政策和公共利益;3. 为自己取得所有权或占有权而占有无主物、遗失物和埋藏物”。① 但本书认为,该模式不具有合理性,不足为取,理由如下:

一方面,埋藏物发现使被埋藏之物重归社会利用,促进社会财富增加,具有自身独立的制度价值。事实上,动产所有权取得制度背后隐藏着社会变迁中的民法逻辑。善意取得、先占、拾得遗失物、发现埋藏物、添附等方式系属动产所有权原始取得且取得原因非社会生活所常见,为法律特别列举。除善意取得外,前述原始取得的取得原因均为事实行为。这是因为在早期农猎社会中,人类多以此类方式获取生产资料,而在现代工商业社会中,此类所有权

① 孟勤国著:《物权二元结构论——中国物权制度的理论重构》,人民法院出版社 2009 年版,第 101 页。

取得方式已不再具有旧时的显著地位,但它们鼓励了物之占有人回复物的“隐没价值”(主要是经济价值)而使物重归利用。此外,埋藏物发现制度与其他动产所有权原始取得制度,适用虽有模糊但各自有别,多种制度的协同作用实现了漏洞填补,重新配置了所有权的归属,妥适地作用于物权法“定分止争”的立法目标,进而有利于确保社会的和平、良善秩序。大陆法系中所有权取得的方式之一,在域外立法中无论具体规则如何千差万别,但均为“埋藏物发现”预留了制度空间。深受大陆法系民法传统影响的中国民法,从体系化角度考虑也应保持埋藏物发现制度的独立存在。

另一方面,此模式在归属面向上适用先占取得的一般规则。然而类似于乌木、陨石这样的价值极高的自然物,“谁发现谁所有”规则可能发生不当激励,刺激行为人滥挖滥掘,破坏秩序稳定。学界虽然长期以来呼吁在民法典编纂中纳入无主物先占制度,但社会主义国家所强调的“社会本位”,可能使无主物的个体先占理论根本没有市场。① 即便最终纳入,也应考量对乌木这样的价值极高之物予以特殊规制,立法不应给予行为人通过先占直接取得如此巨大价值体量之物的预期。此外,占有权与所有权二元区分理论虽颇具理论创见,但与我国学界通说以及立法基础格格不入——我国物权立法系中将占有定位为事实行为。

第三节　广义埋藏物的理论证成

一、现有关系模式的缺陷及原因

前述三种关系模式各具特点,亦能在一定程度上发挥对社会现实的调整功能。但面对我国的具体实践,三种关系模式均有缺

① 王建平:《乌木所有权的归属规则与物权立法的制度缺失——以媒体恶炒发现乌木归个人所有为视角》,载《当代法学》2013 年第 1 期。

漏之处,难谓妥帖的解释方案:首先,“区分适用模式”难以利用埋藏物制度规制乌木、陨石等特殊发现物,转而将之推向无主物先占取得。其次,将无主物先占取得适用于乌木发现,又可能产生不当激励,鼓励滥掘滥挖,且无主物先占至今未成为立法上明确的制度选择。这构成了“无主物涵盖埋藏物发现模式”的主要缺陷。最后,“特殊转换模式”则严格限制了个人的私权主张,产生了国家权力“与民争利”的困境。但仅从规则上对其进行演绎,并不足以实现对现实困境的回应和对制度关系的改造,有必要分析究竟是什么原因造成了既有的三种关系模型都难以恰当地解决实践难题,这正是下文要探讨的问题。

第一,逻辑分析方法对现实经验的背离。大陆法系逻辑化的法典品格深深烙印在民法之中,逻辑思维方式也影响着法律适用者。“逻辑既是法律文本得以周密制定的内在轴线,也是法律规范得以准确适用的思维理路;既是法律解释须遵循的基本依据,也是裁判文书制作合理化的必然要求。”①体现在民法学研究中,“法律教义学”通过逻辑化的解释获得了一种“科学”意义上的认知。然而,长期以来我国的民法学研究过分依赖法律的逻辑分析方法,常常“以自己的价值取向作为前提,仅依靠逻辑推演来确证自身价值判断结论的妥当性”。②

这在学者们关于“乌木案”的热烈讨论中可管窥一二。许多学者认为乌木不属于埋藏物调整的理由,并非仅仅依赖于“文义解释”;而是逻辑地认为埋藏和隐藏都应是人为,不是人为则不被认为是埋藏物或隐藏物。这一论争的真正用意,是通过“人为”这一表征来判断被埋藏之物系属有主之物,从而与无主物作一种先验

---

① 李康宁:《论民法的逻辑表达》,载《法制与社会发展》2012 年第 5 期。

② 王轶:《对中国民法学学术路向的初步思考——过分侧重制度性研究的缺陷及其克服》,载《法制与社会发展》2006 年第 1 期。

的区隔,否定将乌木适用于埋藏物发现制度的可能。但纵然如此,人为埋藏之物就是有主之物也显具逻辑漏洞。反观我国文献可见,史尚宽先生尝言“埋藏原因,则为人为的或自然的,在所不问”,①谢在全先生亦有“埋藏原因,虽然大多出于有意,但不以此为限,是其原因出于人为或天然均非所问”的论述。② 亦有观点认为,“有些人认为乌木不能够适用埋藏物,因为埋藏指的是人为的行为,这个看法有点偏激了,埋藏有可能是人为的,也可能是自然的”。③

事实上,经验常常对单纯的逻辑予以证伪。纵然抛开学者的论述,一个现实的经验亦可得知,除了人为埋藏,导致埋藏的原因力还包括自然事件和社会事件。地震、火山爆发、战争等,都可能造成有主动产与无主动产被一并埋藏。由此,肯认埋藏物的非人为埋藏特点,就直接否定了埋藏物必须是有主物的逻辑预设。本质上看,应是埋藏物的“埋藏性”发挥了事实与制度的框定作用,而现有的关系模型却将之忽略。

第二,价值判断与事实判断的混淆。同为具有高度概括性的法律概念,“埋藏物”与“无主物”却并不相同。前者系属“描述性概念”,用以描述特定事实行为或者一般而抽象的确定法定的事实构成;后者则是“规范性概念”,是包含价值标准的概念。较之于“无主物”是对物之权属所作的法律上的价值判断,“埋藏物”首先应是“埋藏之物”,这是描述性的事实判断。而被埋藏之物的所有权状况无法判明这一内涵并未直接包含于概念本身,须依赖于法律的解释。当学者忽略埋藏物之“埋藏性”这一事实判断,径而进行权属状态的法律判断,又依逻辑而预设前提将埋藏物直接解释为“有主物”时,我们不难发现在聚讼纷纭的“乌木案”中,学者之间

---

① 史尚宽著:《物权法论》,中国政法大学出版社2000年版,第138页。

② 谢在全著:《民法物权论》(上册),中国政法大学出版社2011年版,第301页。

③ 靳昊:《“天价”乌木到底归谁》,载《光明日报》2014年4月28日。

的讨论如同“在定义的脊背上建立理论”(哈特语),①各说各话却又并未在有价值的对话框架中实现有价值的讨论。

不唯如此,这样的混淆还极有可能造成规则适用的不可能。“埋藏”作为一种事实状态,决定了在发现物被发现之前,并不当然地知道该物具体属于什么类型,是有主还是无主。即便是对“所有权人不明”的分析也是发现后对埋藏物的有主或无主状态进行判断的结果,而非前提。对于埋藏物制度的适用对象而言,“无需明定为非无主物。因为,无主物与所有人不明之物,在一些情形之下是很难判明的”。②

第三,利己主义实践对利他主义立法的削弱。“利他主义道德鼓舞了人们无私奉献的至善热忱,反对一切个人利益的追求,抛弃为己利他和单纯利己原则,而以无私利他要求人的一切行为。”③我国的民事立法长期体现集体主义、公有主义的社会主义道德观念,在规则设计上体现出强烈的利他主义价值取向。可以明显感到,将所有人不明之物概归国有,表明的立法取向是将资源的分配权紧紧抓在国家手中,其意在否定私主体的个体意思,否定私主体的利益追求。但是,如果法律不能在最大限度地回应社会现实的同时,平衡法律上所追求之价值并作好规则设定,那么人的自利本性将极大地削减法律的预期效用。现实中,发现埋藏乌木、甚至发现埋藏文物,只要不易为人知晓,实现利益成本低,则个人将之据为己有的情况根本就是常态,也是政府“选择性执法”的根源所在。

综上而言,在由语词构造的规范中,重要的或许不是逻辑而是

① 张文显主编:《马克思主义法理学——理论、方法和前沿》,高等教育出版社2003年版,第73页。

② 屈茂辉:《论完善我国发现埋藏物制度的几个问题》,载《云南法学》2000年第1期。

③ 王海明:《利他主义与利己主义辨析》,载《河南师范大学学报(哲学社会科学版)》2001年第1期。

规范的目的性。当"法律解释技术日趋精密，规范背后的正当性追问却越来越成为解释者的禁忌"。① 面对既有规范，解释者在利他主义规则之下死守埋藏物适用有主物的"理论前见"，忽略了两方面的规范正当性与目的性追问。

第一，现有规则是否应当以及能否实现对埋藏环境权利人利益的重视？尽归国有的规则显然毫无环境权利人利益的些许考量。事实上，即便是代表公共利益的政府也会发生"与民争利"的现象。相反，若肯认埋藏物环境权利人在埋藏物发现中的利益空间，基于我国土地所有人只能是"国家"和"集体"的前提，作为主体权利行使者的政府则可被置于埋藏物环境权利人的角色而作为独立的民事利益主体，故而即便基于利己主义的价值立场，利益诉求也能得到周全关照。

第二，还需追问，在乌木、陨石等特殊的埋藏物发现情形下能否实现恰当合理的利益平衡？现有解释排除了无主物适用埋藏物的空间，对于价值巨大的此类特殊埋藏物未有合理的解释方案，并不能实现发现人、埋藏物环境权利人，乃至社会整体利益的平衡。

通过分析，可将现有的规则漏洞进一步总结为：第一，由于对"埋藏性"要素的忽视，导致埋藏物发现规则缺乏对"无主埋藏物"的规制。第二，现有规则并未实现利益的合理平衡，既包括国家权力与私人主体的利益平衡，也包括埋藏物发现关系中，私主体之间的利益平衡。管见以为，这些规则漏洞表明埋藏物立法规则失之粗糙，一方面使埋藏物规制对象本身即有体系漏洞，另一方面缺乏统一逻辑来回应社会需求。

二、埋藏性对埋藏物概念的补足

立法应当如何回应前述规范漏洞呢？徐国栋教授关注到了传

---

① 朱庆育著：《民法总论》，北京大学出版社 2013 年版，第 2 页。

统的埋藏物概念所呈现出来的规范不足,因此主张以“财宝”替代“埋藏物”的概念,同时,要增加准财宝概念以涵盖新的被发现物。例如,他也关注到动物体内藏宝案或者乌木案所展现的财宝来自“自然赠予”(也就是无所有权前手)的可能。[①] 换言之,无主埋藏物不能为传统的埋藏物制度所涵盖,或者埋藏物制度要规制无主埋藏物还需经由解释或存在争议,这一现况也为徐国栋教授所关注。但是,本书认为这一观点虽独具创见,但无法恰当地解决规范之间的冲突,甚至对概念内涵的无限扩张以及概念创造本身,已经脱离了问题的场域。

例如,徐国栋教授将水中发现之物与埋藏物制度相比较,认为埋藏物制度存在覆盖上的不周延。虽然我国民法与物权法上,并未设置“沉没物”概念。但在我国台湾地区“民法”上,第 810 条规定:“拾得漂流物或沉没品者,适用关于拾得遗失物之规定。”这表明,沉没物虽也处于水环境的包藏之中,但其制度价值与规范理念与埋藏物制度毫不相同。后文将阐述,埋藏物发现的制度价值在于使不为人知的财富重归社会支配,而拾得遗失物、沉没物、漂流物等,均在于使所有权状态不稳定的物,重新基于所有权的分配而趋于稳定。将制度功能完全不同的制度生硬地以所谓“财宝”概念加以涵盖,并不科学。

因此,本书主张,应当以体系化的方式,实现埋藏物发现制度的精细化立法,构造全新的埋藏物与无主物关系模式。而埋藏物制度体系化的方法是埋藏物的类型化。

埋藏物的体系化构造,分为两个部分:一是埋藏物的认定,二是所有权归属的认定。前者是后者的前提,后者是前者规则演绎的结果。完成埋藏物制度体系化的方法,是利用类型化的思维甄别埋藏物。“类型”是“法理念与生活事实间的中介”,“是规范正

① 徐国栋:《财宝概念研究两题》,载《现代法学》2017 年第 2 期,第 43~60 页。

义与事实正义间的中介”。[1] 因此,依据逻辑分析而非逻辑预设,将埋藏物制度在生活事实中可能调整的对象,依照相应标准进行类型化,从而根据不同的埋藏物类型,适配不同的归属规则。

具体而言,被发现之埋藏物究竟有主还是无主,是发现后所作的判断,发现后其既可能有主、还可能无主、还可能不能判断其是否有主(这其中可能在客观上包含多种情形)。从前述的讨论中即可知,埋藏物定义的核心,不是有价性、不是长期性,也不是人为性,而恰恰是最易被忽略的特性——埋藏性。埋藏物,从文义上来讲,即埋藏在动产或不动产中的物,先不论大陆法系的传统民法理论对埋藏物的法律特征如何定义,“埋藏”是谈及埋藏物时考虑的第一特征。

所谓广义埋藏物,是指不考虑埋藏物的具体类型,仅仅将埋藏物的共同外观——被埋藏,作为公因式进行提取,将埋藏、包藏于土地或其他不动产、动产中的所有物,都界定为广义上的埋藏物。有学者认为,罗马法中对埋藏物的含义也并不明确,它认为凡隐藏在他物之中,不能明确其所有人的就是埋藏物,但实际上是指埋在土地中的动产。[2] 对此,有学者曾作出类似的界定,将埋藏物亦分为广义和狭义,广义埋藏物的典型特征就是包藏于他物之中,不易为外部察觉。具有这一特征的一切物,都是广义上的埋藏物。相对应的,狭义埋藏物仅指具有所有权取得意义的埋藏物类型。[3] 广义埋藏物,无论其属于哪种类型、哪种形态,具有以下共同特征:第一,具有被埋藏的特性,外人从外观上无法窥探或知晓;第二,其之所以被埋藏,其原因力多种多样,如人为原因、自然原因、社会原

① [德]卡尔·拉伦茨著:《法学方法论》,陈爱娥译,商务印书馆2013年版,第16页。

② 周枏著:《罗马法原论》,商务印书馆2009年版,第362页。

③ 屈茂辉:《论完善我国发现埋藏物制度的几个问题》,载《云南法学》2000年第1期。

因;第三,这些埋藏物都可以代表相应的特定利益,能够为法律所调整和保护。①

依据广义的埋藏物理解,一切包藏于他物之中,不易为外部察觉的物均为埋藏物。《瑞士民法典》第 723 条甚至明确,所谓埋藏物系指“不再可能寻找得到其所有人者”,可见瑞士民法直接将埋藏物定义为“被埋藏之无主物”,摒弃了对“无法判明”的要求,仅依“被埋藏性”则认定为埋藏物。在德国法上,有学者亦认为,对《德国民法典》第 984 条中的概念规定不能过窄地理解,“可能从未属于任何人所有的标的物,也属于此类,例如,被发掘出来的化石亦即其他古物的发现”。② 这一观点,可以通过体系解释予以验证:大陆法系典型国家的民法典,均将从原始权属状态上来看属于“自始无主物”的古生物化石、矿产等在“埋藏物”部分作特别规定而引致到特别法予以调整,并非在无主物部分予以特别规定。从本质上来讲,抛开化石、矿产等物的特殊价值,其作为无主之物的本质与乌木、陨石等并无二致。谢在全先生曾对被埋藏之无主物作过阐述,“虽埋在地中,但是不属于他人所有,如古生物之化石或曾为人所有,但现在为何人所有已无可考察者,如古人类之遗物则系无主物”。③ 但我国台湾地区“民法”第 809 条规定,“发现之埋藏物足供学术、艺术、考古或历史之资料者,其所有权归属依特别法之规定”,可见此处并不考量权属状态而仅考量其价值。在德国民法上,该两类物系属于《德国文物保护法》等特别法对《德国民法典》第 984 条埋藏物的特别限制,而非对无主物的特别限制。准此而言,我国台湾地区“民法”将其在埋藏物体系下予以特别规定,说明

---

① 王建平:《埋藏物乌木发现者权益的立法逻辑比较分析》,载《西南民族大学学报(人文社会科学版)》2013 年第 1 期。

② [德]鲍尔、施蒂尔纳著:《德国物权法》(下册),申卫星、王洪亮译,法律出版社 2006 年版,第 519 页。

③ 谢在全著:《民法物权论》(上册),中国政法大学出版社 2011 年版。

“埋藏性”才是埋藏物的核心特征。尤须注意,“不能判明”仅是判断结果,而要获取这一判断结果,宜采“所有人不能证明自己是被发现之埋藏物所有人”的判断方法。因为若须发现人证明任何人不是发现物之所有人,不啻为对发现人苛加了极重的证明负担,显不公平。因此,应改造仅以所有权状态作为判断的单一标准,代之以“埋藏性+所有权不能判明”的复合标准,以对埋藏物进行科学的类型化,从而可以构造出全新的“埋藏物规则部分覆盖无主物模式”。[1] 对此后文将予以详述。

① 赖虹宇:《体系化视野下的埋藏物制度检视——以与无主物的关系为中心》,载《北京社会科学》2016年第3期,第15~24页。

第二章 埋藏物的发现及发现行为的性质

第一节 埋藏物发现的内涵与外延

一、埋藏物发现的界定

“发现”是埋藏物发现制度的核心。该制度的要义在于通过“发现”这一行为最终发生动产埋藏物所有权变动的法律效果。任何埋藏物不经“发现”，就不能进入到埋藏物制度体系中进行评价。

所谓“发现”，是指认识埋藏物的所在。①民法意义上的埋藏物发现，是一种法律事实，其性质类同于无主物先占、遗失物的拾得等，是一种事实行为，并不以意思表示为要，故不要求发现人有行为能力，即限制行为能力人

① 梁慧星、陈华彬著：《物权法》，法律出版社2007年版，第221页。

的发现，亦属有效。是动产所有权原始取得的方式之一。

唯对于发现行为的构成要件，比较法及相关立法上多有不同。

第一，依占有是否是发现行为的构成要件，分为单纯发现主义与占有要件主义。单纯发现主义是指，仅以发现埋藏物的行为本身作为发现之构成要件，不以同时加以占有为必要。而占有要件主义，则强调发现埋藏物的行为本身并不构成发现，尚须对发现结果的埋藏物予以占有，始可构成发现。此两种学说中，以前者即单纯发现主义为通说。[①] 单纯发现主义在立法上主要体现在日本和瑞士民法中。《日本民法典》第241条和《瑞士民法典》第723条关于埋藏物的规定中，均未明言将发现之后的占有作为发现的构成要件。而占有要件主义则主要体现在德国民法，并为我国台湾地区“民法”所继受。在《德国民法典》第984条中，言明了“因发现而占有该物时”的所有权归属规则。我国台湾地区“民法”第808条规定，“发见埋藏物而占有者，取得其所有权”。

遗失物的“拾得”与埋藏物的“发现”具有类似的地方。在拾得遗失物的场合，发现某一遗失物而不为占有，实际上并未完成“拾得”这一动作，不发生拾得遗失物的法律后果。而对埋藏物如未有“发现”这一行为，更谈不上占有。故“前者占有重于发见，后者则发见重于占有，以此推论，埋藏物之发见人与占有人如非同一人时，应以占有人之占有是否基于他人发见之结果为决定所有权归属之标准”。[②] 笔者认为，虽然占有因其属于动产物权的公示方法，对发现人的认定具有一定积极意义，但仍不足以将之作为埋藏物发现的构成要件之一。因为埋藏物发现这一制度的本旨及核心在于“发现”行为本身促使某一所有权人不明之物重归社会，亦即

---

① 梁慧星著：《中国物权法研究》，法律出版社1998年版，第524页。

② 谢在全著：《民法物权论》（修订五版，上册），中国政法大学出版社2011年版，第302页。

若无发现行为，该物客观上并非为社会固有财富范畴所涵盖，而作为构成要件的占有，对此并无任何影响。因此，只要有发现埋藏物之事实即可构成发现。与此相对应，遗失物拾得制度的核心和本旨则在于"拾得"以及随之而来的"占有"而使"遗失物"这一占有脱离物，开始所有权意义上的重新分配，其意义并不在于使社会可支配的财富总量增加，而在于使所有权趋于安定。因此，在埋藏物发现场合，在发现与占有之两者非为同一人时，解释上应认为发现人因"发现"行为本身即取得埋藏物之所有权。若被他人抢占，则可基于所有物之返还请求权，要求返还。①

两者同样作为事实行为，区别何在呢？学者指出，事实行为还可以细分，从构造要素上看，除了行为意思，加工、埋藏物发现、债务人现实提出给付、紧急避险等不要求行为人有其他意思，而取得或丧失占有的行为却需要行为人有取得或丧失占有的意思。这一意思被称为"目的意思"。② 根据有无这一意思，事实行为可区分为有目的意思的事实行为和无目的意思的事实行为。③ 故而，拾得遗失物因存在占有得丧的意思，应属于前者，而埋藏物发现则属于后者。

第二，依照法国民法和意大利民法，发现仅限制在"偶然"范围内，这一观点肇始于罗马法，"在他人土地中发现埋藏物的人，只有当他偶然发现该物时，才按他应得的份额取得埋藏物"。④ "埋藏物只能是无意中偶然发现的，除永租人、地上权人、用益权人外，非

① 陈华彬：《埋藏物发现的若干问题》，载《法学研究》1995 年第 3 期。

② 常鹏翱：《论目的意思独立的事实行为》，载《法律科学（西北政法大学学报）》2012 年第 3 期，第 79~85 页。

③ Flume. Allgemeiner Teil des Buergerlichen Rechts, Bd. II: Das Rechtgeschaeft [M]. 4. Aufl. ,Berlin u. a. 1992.

④ [意]彼德罗·彭梵得著：《罗马法教科书》，黄风译，中国政法大学出版社 2005 年版，第 153 页。

经所有人同意,不能任意在他人土地上挖掘搜索,否则就是侵犯他人的所有权”。① 依《法国民法典》第716条第2款的规定:“一切埋藏或隐匿的物品,任何人不能证明其所有权,且其发现纯为偶然者,成为埋藏物。”“埋藏物的发现只有在该发现系偶然且为第三人所为的情况下,方可构成所有权的取得方式。”②主要继受于罗马法的《意大利民法典》第922条第2款规定,“在他人土地内偶然发现的埋藏物的所有权,一半属于土地的所有人,另一半属于发现人”。在其他大陆法系的立法中,则对于是否需要“偶然性”作为发现行为的要件未作规定。

对于埋藏物的发现是否以“偶然性”为必要,颇具争议。肯定者认为若发现出于预定计划,则意味着存在未经包藏物所有人同意进行发现的可能性,容易构成盗掘、毁坏等非法行为,侵害包藏物所有人的所有权,应予禁止。同时认为采取上述体例,无疑是鼓励人们去破坏包藏物,既不利于包藏物的安全,又使“所有权不受侵犯”这一基本理念等同虚无,不利于社会秩序的稳定。③ 否定者多从物尽其用的角度,认为出于预定计划的埋藏物发现值得肯定,至于对包藏物所有人造成的侵害,可通过侵权损害赔偿进行解决;同时认为不能因为担心侵权人赔偿能力问题或这种事后补偿并不一定能够弥补受害人遭受的全部损失,就因噎废食,抹杀埋藏物发现制度对增进社会财富的积极促进作用。④ 此外,梁慧星教授主持的《中国物权法草案(建议稿)》也对此问题持否定态度,认为“发现不限于偶然为之。发现出于偶然抑或出于预定计划在所不

---

① 周枏著:《罗马法原论》,商务印书馆2009年版,第362页。

② 尹田著:《法国物权法》,法律出版社1998年版,第22页。

③ 参见常鹏翱著:《论我国埋藏物发现制度的完善》,载《人民司法》2000年第6期。

④ 荣荣:《埋藏物发现制度的法律问题研究》,复旦大学2007年硕士学位论文,第16页。

问，因此发现不应以发生于偶然场合为必要。”①

本书认为，民事埋藏物发现当以“偶然”为限。

第一，埋藏物发现制度以“发现”为核心，发现是指认识埋藏物之所在。故发现之前，对埋藏物所为何物、所在何处是无法认知的。而依照现行的法律，发现文物、矿产资源等价值特别巨大的物，所有权均归于国家，则民事意义上的一般埋藏物虽种类广泛，但从价值角度来看并不高。如果肯认行为人可以出于预定计划而为发现，则行为人可能严重破坏埋藏物环境或包藏物，也只能发现价值有限的物或根本一无所获。例如，以发现乌木为例，若肯定主动的发现乌木，则可能导致行为人破坏耕作土地或河道、严重影响生态环境的情况发生。

第二，通过从体系上划分埋藏物的不同类型，针对不同类型对“发现”行为的构成要件要求有所不同。首先，对于民事埋藏物，亦即受民法调整的埋藏物种类，应当以“偶然”作为要件之一，将之作为事实行为层面的发现行为，具体理由前文亦有述及。其次，对于特别法意义上的埋藏物，包括文物、矿产资源，甚至包括致害型埋藏物等，均可允许预定计划性，将之作为法律行为层面的发现行为而作规定。对此，后文将详细阐述。

当然，如果是在自己所有的物中而为发现，则亦可允许计划性的发现，因此，这种行为也可被认为是对自己所有物的使用和处分，但也应以不违反法律和公序良俗为限。

二、埋藏物发现关系模型

（一）埋藏物发现的偶然性——被发现

对埋藏物发现的民法学定位，就在于其是偶然发现，即“被发

① 中国物权法研究课题组编：《中国物权法草案建议稿附理由》，社会科学文献出版社2007年版，第345页。

现”,而非“去发现”。

首先,埋藏物深藏于土地或藏于其他动产之中,始终处于一个相对静态的环境之中,而发现是一个动态行为。发现不仅是通常理解的“认识埋藏物之所在”,对其制度内涵还应深化理解为:认识埋藏物之所在之后,通过人的行为让其脱离埋藏物环境而成为能够对其行使物上权利的独立物。徐国栋教授主编的《绿色民法典草案》中将其定义为“使埋藏物显露”,即便“部分显露”等情况下仍不妨碍对发现人的认定。① 换言之,埋藏物发现的过程,就是一个使之脱离埋藏物环境,进而发生所有权归属的过程。在这一过程中,埋藏物始终处于静态之中,即埋藏物处于“被发现”的被动状态。

其次,就主动发掘埋藏物而言,一般有两种情况:一是大致知晓埋藏物所在的范围,但无法准确获知其所在。二是根本无法确定土地里或动产中是否存在埋藏物或包藏物,而基于侥幸为发掘。可见,与偶然发现必然基于善意相比,这两种情况下的埋藏物发现都存在盗掘、毁坏等非法行为的可能性。两种情况特别是第二种情况,都极容易造成埋藏或包藏环境的严重损害而受益甚少。因此,从立法政策的指引作用来看,亦不应鼓励主动地“去发现”。

(二)埋藏物发现的计划性——去发现

民法意义上的埋藏物发现是一种事实行为。意思表示是法律行为的核心,是区别于事实行为的关键所在。意思表示包括目的意思、效果意思与表示行为。其中目的意思是指法律行为具体内容的意思要素,是意思表示成立的基础。② 发现行为使埋藏物脱离埋藏物环境,法律基于这一行为的事实后果,即埋藏物的出现,而

---

① 徐国栋主编:《绿色民法典草案》,社会科学文献出版社 2004 年版,第 332 页。

② 王建平著:《民法学》(上),四川大学出版社 2005 年版。

规定其法律效果,其构成要件上不要求行为人有产生法律效果乃至事实后果的主观意思,将其定义为典型事实行为。① 偶然的埋藏物发现是典型事实行为当无疑义,因为在发现行为造成埋藏物出现这一事实后果之前,是没有取得埋藏物的目的意思的,更无效果意思和表示行为。

值得关注的则是,"出于预定计划的发掘",即民事意义上的主动发掘或称"探寻式发掘",是否脱离了事实行为的定位呢?答案是否定的。对此问题的回答,要回归到发现行为本身的规范构造上来。亦即,埋藏物之所以发生所有权取得的效果,并非来源于发现人的主观意思,而是来自法律的直接规定。也就是说,正如前文分析占有是否发现的构成要件时所陈述的那样,埋藏物发现的核心价值在于表彰发现人使被埋藏之物重归社会支配,因此,客观的"发现行为"本身最为重要,这一客观行为本身即可导致所有权在法律上的重新分配。在此过程中,发现人的主观意思是完全被忽略的,凸显了极其强烈的客观属性,因此,无目的意思的事实行为堪称最纯粹的事实行为。② 即便在将占有作为发现行为之构成要件的德国法上,占有本身的意义也被弱化,应将之作为"与发现行为伴随的顺手而为",进而"无需考虑发现出于刻意抑或偶然……均导致埋藏物所有权的确定"。③ 因此,无论是偶然发现还是出于计划发掘,埋藏物发现制度均属于事实行为。

与之相区别的是,本书后文将阐述的行政法意义上的埋藏物发现,即古生物化石、文物的计划发掘,因为具有意思表示的存

---

① 参见常鹏翱:《民法中典型事实行为的规范关系》,载《法学》2012 年第 4 期。

② 常鹏翱著:《事实行为的基础理论研究》,北京大学出版社 2016 年版,第 146 页。

③ 常鹏翱著:《事实行为的基础理论研究》,北京大学出版社 2016 年版,第 146 页。

在,法律效果来源于效果意思,则属于法律行为意义上的埋藏物发现,与民法意义上的埋藏物发现属于事实行为相区别。

事实上,即便是在将埋藏物发现限定为“偶然发现”的法国民法上,也认为“即便是按照规则有条不紊地进行发掘,被埋藏或被隐藏之物仍然属于埋藏物”,“第716条指的(纯属偶然)情形,只不过对确定埋藏物的归属来说具有重要性”。① 既然仍然是埋藏物,只要仍然属于狭义的、民事上的埋藏物,将有计划地发掘此类埋藏物纳入埋藏物发现制度进行所有权利益分配,似无不可。重要的是要设置合理的限制条件,将之作为例外补充。

综上所述,民事意义上的埋藏物发现,以偶然发现亦即“被发现”为原则,而以出于预定计划的发现为例外。且此种例外分为两种情况:一是在自己物中进行发现,视为对自己物的使用。二是在他人所有物中去探寻、发现埋藏物,但须将其限定在经所有人同意这一条件之上。行政法意义上的埋藏物发现,例如,对古生物化石、矿产资源、文物等的探寻和发现则大多属于法律行为意义上的发现,侧重于“去发现”。

三、埋藏物发现的原因与理由

埋藏物发现的原因,即埋藏物为什么会被发现。可大致分为“完全纯粹的偶然发现”、“基于先前行为的发现”与“出于预定计划的发现”。

完全纯粹偶然的发现。埋藏物的发现以偶然发现作为原则,纯粹的偶然发现是指发现人未对埋藏物环境或包藏环境有利用行为,纯粹偶然地发现埋藏物。大多发生于埋藏物部分显露或未完全显露,提示了发现人并促成了发现。例如,轰动一时的四川

---

① [法]弗朗索瓦·泰雷、菲利普·森勒尔著:《法国财产法》,罗结珍译,中国法制出版社2008年版,第503页。

彭州“天价乌木案”，正是由于“吴高亮和朋友在家门口的河边溜达，无意中发现一截冒出来的木头”，从而挖掘出价值巨大的乌木。① 现实中还发生过一些极端的偶然发现情形，如成都一小伙停车在路边方便，竟因一泡尿冲开表层泥土，由此提示了他刨土挖掘，从而发现了一尊宋三彩匍匐女陶俑。②

基于先前行为的发现。这种情况也是属于偶然发现，但略有不同。埋藏物存在于不动产或动产中，大部分情况下是完全被埋藏或被包藏，故最终埋藏物的发现大多基于对埋藏物环境，如土地等不动产以及其他动产包藏环境的使用或利用。换句话说，要偶然地发现埋藏物，必然有其他的先前行为作用在埋藏物与包藏物环境上。最常见的情况也多发于此，例如，在对土地进行深基坑作业时，或在农地中进行挖井、耕地等行为时，偶然地发现埋藏物。

出于预定计划的发现，是民事意义上埋藏物发现的例外情形。根据发现的场域不同，可分为“在自己所有物的中进行”与“在他人所有的物中进行”。在自己所有的物中进行发现可视为对自己物的利用；而在他人所有的物中进行须经所有人的同意，由此才可能发生物权变动的相关法律效果，如果未经同意，则不能发生物权归属上的法律效果。

埋藏物发现的理由，即埋藏物为什么应该被发现。物权法作为一种解决因资源的有限性与需求的无限性而引发的紧张关系的法律手段，其功能不仅仅在于界定财产归属，明晰产权而达到定分止争、实现社会秩序的效果，更在于使有限的自然资源的效益得到充分发挥，从而更好地满足人类的需求。物尽其用是现代物权法

---

① 赵晓林：《天价乌木背后利益法律博弈》，载《济南日报》2012年8月6日，第1版。

② 徐剑箫：《小伙路边小便冲出一个“宋三彩”》，载《成都商报》2014年4月27日，第4版。

的一个立法目标。① 我国《物权法》在第 1 条提出，“明确物的归属，发挥物的效用”，即是物尽其用原则的体现。埋藏物发现制度类同于取得时效制度，尽管本质上属于物的归属制度，但是，也可以促进物的有效利用。埋藏物深埋地下或包藏于他物之中，其作为物所承载的价值无从发挥，更谈不上加以利用。故一旦被发现，则该物具备了回归社会重加利用的可能性，法律强制赋予发现人的发现利益，有利于使之作为物权人有效地行使物上权利，促进资源利用。但需要注意的是，物尽其用原则，并非鼓励随意发掘埋藏物，仍应恪守偶然发现为原则，经同意而在他人之物中计划性发掘为例外。

第二节　部门法上的埋藏物发现行为

一、发现限定：行政法上的埋藏物发现

（一）古生物化石

根据 2002 年施行的《古生物化石管理办法》第 2 条的规定，古生物化石是指地质时期形成并赋存于地层中的动物、植物等遗体化石或者遗迹化石。同时，《古生物化石管理办法》第 9 条规定，“禁止任何单位和个人擅自采掘古生物化石”。可见，对于古生物化石发掘的主体是有所限制的。

《古生物化石保护条例》第 10 条第 1 款规定，因科学研究、教学、科学普及或者对古生物化石进行抢救性保护等需要，方可发掘古生物化石。根据第 11 条规定，根据是发掘重点保护古生物化石还是一般保护古生物化石，设置了不同的申请批准机关，同时规定了申请的单位应符合的条件。同时，该条例区分“发掘”与“零星采

① 屈茂辉：《物尽其用与物权法的立法目标》，载《当代法学》2006 年第 7 期。

集”。第10条第2款规定,“本条例所称发掘,是指有一定工作面,使用机械或者其他动力工具挖掘古生物化石的活动”。第16条第2款规定,“本条例所称零星采集,是指使用手持非机械工具在地表挖掘极少量古生物化石,同时不对地表和其他资源造成影响的活动”。区别在于,进行区域地质调查或者科学研究机构、高等院校等因科学研究、教学需要零星采集古生物化石标本的,不需要申请批准。可见,对古生物化石的发掘,大多出于预定计划,亦即属于法律行为层面的发现和发掘。

对于古生物化石,仍然存在偶然发现的可能。《古生物化石保护条例》第18条规定,“单位和个人在生产、建设等活动中发现古生物化石的,应当保护好现场,并立即报告所在地县级以上地方人民政府国土资源主管部门”。“生产、建设等活动中发现的古生物化石需要进行抢救性发掘的,由提出处理意见的国土资源主管部门组织符合本条例第十一条第二款规定条件的单位发掘。”由此可见,该条设置了在生产、建设过程中偶然发现古生物化石发现人的保护现场义务和报告义务。

(二)文物

《物权法》第114条规定,“文物保护法等法律另有规定的,依照其规定”。

《文物保护法》第27条规定,一切考古发掘工作,必须履行报批手续;从事考古发掘的单位,应当经国务院文物行政部门批准。地下埋藏的文物,任何单位或者个人都不得私自发掘。

1. 报请审批程序和意见征询程序

《文物保护法》第28条规定:从事考古发掘的单位,为了科学研究进行考古发掘,应当提出发掘计划,报国务院文物行政部门批准;对全国重点文物保护单位的考古发掘计划,应当经国务院文物行政部门审核后报国务院批准。国务院文物行政部门在批准或者审核前,应当征求社会科学研究机构及其他科研机构和有关专家的意见。

2. 大型基本建设工程的事先报请程序

《文物保护法》第 29 条规定：进行大型基本建设工程，建设单位应当事先报请省、自治区、直辖市人民政府文物行政部门组织从事考古发掘的单位在工程范围内有可能埋藏文物的地方进行考古调查、勘探。考古调查、勘探中发现文物的，由省、自治区、直辖市人民政府文物行政部门根据文物保护的要求会同建设单位共同商定保护措施；遇有重要发现的，由省、自治区、直辖市人民政府文物行政部门及时报国务院文物行政部门处理。

3. 需配合建设工程进行情形下和紧急情况下的文物发掘程序

《文物保护法》第 30 条规定：需要配合建设工程进行的考古发掘工作，应当由省、自治区、直辖市文物行政部门在勘探工作的基础上提出发掘计划，报国务院文物行政部门批准。国务院文物行政部门在批准前，应当征求社会科学研究机构及其他科研机构和有关专家的意见。确因建设工期紧迫或者有自然破坏危险，对古文化遗址、古墓葬急需进行抢救发掘的，由省、自治区、直辖市人民政府文物行政部门组织发掘，并同时补办审批手续。

4. 单位和个人偶然发现文物的保护义务和报告义务以及处理程序

《文物保护法》第 32 条规定在进行建设工程或者在农业生产中，任何单位或者个人发现文物，应当保护现场，立即报告当地文物行政部门，文物行政部门接到报告后，如无特殊情况，应当在 24 小时内赶赴现场，并在 7 日内提出处理意见。文物行政部门可以报请当地人民政府通知公安机关协助保护现场；发现重要文物的，应当立即上报国务院文物行政部门，国务院文物行政部门应当在接到报告后 15 日内提出处理意见。依照前款规定发现的文物属于国家所有，任何单位或者个人不得哄抢、私分、藏匿。

5. 外国主体的限制性规定

《文物保护法》第 33 条规定非经国务院文物行政部门报国务

院特别许可,任何外国人或者外国团体不得在中华人民共和国境内进行考古调查、勘探、发掘。

6. 调查、发掘结果的处理程序

《文物保护法》第 34 条规定考古调查、勘探、发掘的结果,应当报告国务院文物行政部门和省、自治区、直辖市人民政府文物行政部门。考古发掘的文物,应当登记造册,妥善保管,按照国家有关规定移交给由省、自治区、直辖市人民政府文物行政部门或者国务院文物行政部门指定的国有博物馆、图书馆或者其他国有收藏文物的单位收藏。经省、自治区、直辖市人民政府文物行政部门或者国务院文物行政部门批准,从事考古发掘的单位可以保留少量出土文物作为科研标本。考古发掘的文物,任何单位或者个人不得侵占。

(三)矿产资源

根据《矿产资源法实施细则》第 2 条可知,矿产资源是指由地质作用形成的,具有利用价值的,呈固态、液态、气态的自然资源。由于矿产资源本身的特殊性,矿产资源的发现也具有特殊性。将之与一般埋藏物发现进行类比可以发现,一般埋藏物即民事埋藏物的发现是一个连续的过程,也就是说,认识埋藏物之所在与使其脱离埋藏物环境是一以贯之的连续性的动作。但矿产资源则不同,矿产资源具有隐蔽性、分布不均匀性,油气矿产资源还具有油气水"三相共生"、埋藏深、油气层高温高压、油气易燃易爆等属性,决定了采矿业受地质、埋藏条件的约束大,并且影响安全的因素多。则矿业权含有探矿权和采矿权,二者具有内容不同的法律关系。① 也就是说,"认识矿产资源的所在"即探矿权,《矿产资源法实施细则》第 6 条明确为在依法取得的勘查许可证规定的范围

① 崔建远:《矿业权法律关系论》,载《清华大学学报(哲学社会科学版)》,2001 年第 3 期。

内，勘查矿产资源的权利。“使矿产资源脱离埋藏物环境”即采矿权，也在该条被定义为在依法取得的采矿许可证规定的范围内，开采矿产资源和获得所开采的矿产品的权利。法律上设置了不同的法律关系内容，以及相应的法律程序。

1. 须经依法申请、批准并登记

《矿产资源法》第3条规定：勘查、开采矿产资源，必须依法分别申请、经批准取得探矿权、采矿权，并办理登记；但是，已经依法申请取得采矿权的矿山企业在划定的矿区范围内为本企业的生产而进行的勘查除外。从事矿产资源勘查和开采的，必须符合规定的资质条件。《矿产资源法实施细则》第5条规定：勘查矿产资源，必须依法申请登记，领取勘查许可证，取得探矿权；开采矿产资源，必须依法申请登记，领取采矿许可证，取得采矿权。

2. 矿业权的有偿取得制度

《矿产资源法》第5条规定，国家实行探矿权、采矿权有偿取得的制度。费用可根据不同情况规定予以减缴、免缴。

3. 矿产资源勘查的条件及要求

对矿产资源的勘查的条件与要求，规定在《矿产资源法》第三章之中。在《矿产资源法实施条例》第15条至第23条则具体规定了探矿权人的权利和义务，以及相应的程序性规定和争议解决办法。

4. 采矿权的资源补偿

《矿产资源法》第5条第2款规定，开采矿产资源，必须按照国家有关规定缴纳资源税和资源补偿费。

5. 采矿权的主体

《矿产资源法》第4条规定，国有矿山企业是开采矿产资源的主体。该法第15条规定：设立矿山企业，必须符合国家规定的资质条件，并依照法律和国家有关规定，由审批机关对其矿区范围、矿山设计或者开采方案、生产技术条件、安全措施和环境保护措施等进行审查;审查合格的,方予批准。《矿产资源法实施细则》第 11 条规定了条件:有供矿山建设使用的矿产勘查报告;有矿山建设项目的可行性研究报告(含资源利用方案和矿山环境影响报告);有确定的矿区范围和开采范围;有矿山设计;有相应的生产技术条件。《矿产资源法实施细则》第 7 条还规定,国家允许外国的公司、企业和其他经济组织以及个人依照中华人民共和国有关法律、行政法规的规定,在中华人民共和国领域及管辖的其他海域投资勘查、开采矿产资源。第 12 条至第 14 条则具体规定了集体所有制矿山企业、私营矿山企业和个体采矿的程序和条件。

6. 采矿许可证

根据采矿对象不同,由不同部门颁发采矿许可证。具体规定在《矿产资源法》第 16 条。

二、发现禁止:刑事法上的埋藏物发现

对文物、古生物化石、矿产资源等埋藏物类型,在相应的行政法律法规及规章中大多设置了相应的法律责任,除行政责任的规定外,多有“构成犯罪的,依法追究刑事责任”的规定。对于这几种埋藏物类型,因其在价值构成上的复合性、价值覆盖的社会性、资源本身的不可再生性等,对其进行更强的保护。同时,妨害文物管理犯罪和非法采矿罪等,都规定在《刑法》第六章“妨害社会管理秩序罪”中,由此可见,对此种类型埋藏物的私自探寻、挖掘等行为,在刑法上被认为是严重妨害社会管理秩序的行为,并因此设置了相关的刑事法律条款,对其进行规制和禁止。

(一)文物

根据《刑法修正案(八)》修订的《刑法》第 328 条规定:“盗掘具有历史、艺术、科学价值的古文化遗址、古墓葬的,处三年以上十年以下有期徒刑,并处罚金;情节较轻的,处三年以下有期徒刑、拘役或者管制,并处罚金;有下列情形之一的,处十年以上有期徒刑

或者无期徒刑,并处罚金或者没收财产:(一)盗掘确定为全国重点文物保护单位和省级文物保护单位的古文化遗址、古墓葬的;(二)盗掘古文化遗址、古墓葬集团的首要分子;(三)多次盗掘古文化遗址、古墓葬的;(四)盗掘古文化遗址、古墓葬,并盗窃珍贵文物或者造成珍贵文物严重破坏的。"

前文述及,对文物的开掘需要履行一系列审查和批准手续。何为盗掘?是否考虑行为人的主观意图?张明楷教授认为,"刑法第328条第1款规定了盗掘古文化遗址、古墓葬罪,其中第4项将'盗掘古文化遗址、古墓葬,并盗窃珍贵文物或者造成珍贵文物严重破坏'规定为法定刑升格情节,据此,可以认为,所谓盗掘,并不要求出于非法占有目的,只要未经有权机关批准的挖掘,即为盗掘"。①

(二)古生物化石

《刑法》第328条第2款规定,盗掘国家保护的具有科学价值的古人类化石和古脊椎动物化石的,依照前款的规定处罚。也就是说,盗掘古生物化石的行为,其刑事责任的承担依照盗掘文物的规定予以处罚。

2005年,全国人大常委会《关于〈中华人民共和国刑法〉有关文物的规定适用于具有科学价值的古脊椎动物化石、古人类化石的解释》中规定:刑法有关文物的规定,适用于具有科学价值的古脊椎动物化石、古人类化石。

"古人类化石,是指保存在各地质时期岩层中或埋藏于地下的万年前直立人、早晚期智人的遗骸和遗迹。古脊椎动物化石,是指保存在各地质时期岩层中或埋藏于地下的万年前古爬行动物、哺乳动物和鱼类的遗骸和遗迹。"②由此可见,刑法中规定的古脊椎动

① 张明楷著:《刑法分则的解释原理》(上),中国人民大学出版社2011年版,第54~55页。

② 高铭暄、马克昌主编:《刑法学》,北京大学出版社2007年版,第642页。

物化石、古人类化石与《古生物化石保护条例》中规定的古生物化石在外延上有所区别。前者将范围限定在古脊椎动物和古人类,并参照文物保护的相关规定。而《古生物化石保护条例》在第2条即言明:本条例所称古生物化石,是指地质历史时期形成并赋存于地层中的动物和植物的实体化石及其遗迹化石。古猿、古人类化石以及与人类活动有关的第四纪古脊椎动物化石的保护依照国家文物保护的有关规定执行。

换句话说,从字面上分析,古脊椎动物、古人类化石包含于古生物化石。前者属于种概念,后者则属于属概念。但事实上,通过《古生物化石保护条例》和《刑法》的相关规定可知,法律层面上的"古生物化石"概念,并不包含古脊椎动物和古人类化石,这两类化石以及古猿化石,在法律上被视为文物而加以保护。

(三)矿产资源

根据《刑法修正案(八)》修订后的《刑法》第343条规定:违反矿产资源法的规定,未取得采矿许可证擅自采矿,擅自进入国家规划矿区、对国民经济具有重要价值的矿区和他人矿区范围采矿,或者擅自开采国家规定实行保护性开采的特定矿种,情节严重的,处3年以下有期徒刑、拘役或者管制,并处或者单处罚金;情节特别严重的,处3年以上7年以下有期徒刑,并处罚金。违反矿产资源法的规定,采取破坏性的开采方法开采矿产资源,造成矿产资源严重破坏的,处5年以下有期徒刑或者拘役,并处罚金。

本条可视为在对矿产资源"脱离埋藏物环境"的过程中,违反相关行政法律法规规定而进行的相关刑法规制。第1款侧重于缺乏采矿权而为开采的刑事责任,第2款则侧重于采矿手段的不合规而负的刑事责任。

另外,根据最高人民法院《关于审理非法采矿、破坏性采矿刑事案件具体应用法律若干问题的解释》第2条规定,具有下列情形之一的,属于"未取得采矿许可证擅自采矿":(1)无采矿许可证开采矿产资源的;(2)采矿许可证被注销、吊销后继续开采矿产资源的;(3)超越采矿许可证规定的矿区范围开采矿产资源的;(4)未按采矿许可证规定的矿种开采矿产资源的(共生、伴生矿种除外);(5)其他未取得采矿许可证开采矿产资源的情形。该解释第4条规定,《刑法》第343条第2款规定的破坏性采矿罪中"采取破坏性的开采方法开采矿产资源",是指行为人违反地质矿产主管部门审查批准的矿产资源开发利用方案开采矿产资源,并造成矿产资源严重破坏的行为。

三、发现约束:民事法上的埋藏物发现

民法学上的埋藏物发现,即民事上的、一般的埋藏物发现,是最为普遍的埋藏物发现行为。处理规则一般就是根据法律的直接规定,发生民事法律上的法效果,主要表现在物权归属上的效果。

民法学上的埋藏物发现,从传统民法理论上来考察,对于发现的客体,即被发现的对象有一定的限定。也就是说,虽然从体系完备的角度出发,本书将埋藏物的范围扩展到多个类型,包括纵向行政管理层面上的广义埋藏物,如文物、古生物化石等,但根据发现对象的不同,产生不同的法律效果。而实际上,传统大陆法系民法上规定的埋藏物发现,有特定的埋藏物定义,以及特定的法律效果。本书将其定位为"一般埋藏物",指的是埋藏于他物之中,而不知属于谁所有的动产。[①] 只有这样的物才能称之为"埋藏物",换句话说,只有这样的埋藏物类型才能为民法所调整,它一般具有以下特点:首先,须为动产;其次,埋藏是指包藏(隐藏或埋没)于他物之中,不易由外部窥视或目睹;最后,该埋藏物不知属于何人。[②] 前

① 王泽鉴著:《民法物权第1册(通则、所有权)》,中国政法大学出版社2001年版,第292页。

② 王泽鉴著:《民法物权第1册(通则、所有权)》,中国政法大学出版社2001年版,第293页。

文对埋藏物的定义已有详细阐述,在此不赘。

进一步讲,对一般埋藏物进行发现这一事实行为所特定的法律后果就是物权变动。依照我国的现行法,从解释论的角度出发,发现特殊的埋藏物并不发生一般埋藏物发现的法律后果,即物权变动。例如,某人在他人土地中发现一个文物,此时无法判明其所有人是谁,我国《文物保护法》第5条规定,中华人民共和国境内地下、内水和领海中遗存的一切文物,属于国家所有。所以,此时并不发生物权变动,而只是依照特别法对权属的又一次确认,以阻却发现人对此埋藏文物的物权请求。

与此同时,从另一个维度进行考察,即使发现的只是社会生活中出现的普通动产,亦可根据对社会或对发现人的有益与否区分为利益物与致害物(违禁物)。利益物是指能够在价值上给与发现人一定的财富增殖,或者能够在使用价值上满足发现人的需求的埋藏物,对其发现后的处理是最典型的民法上的埋藏物发现。但如果发现的是致害物、违禁物,考虑到该类型的埋藏物会对发现人、其他人以及社会造成或可能造成严重的危害性影响,对其发现后的处理必然需要予以限制。例如,发现人在土地中发现埋藏的枪支弹药,此时发现人负有怎样的义务?再如,发现人发现埋藏的毒气罐,知道其是致害物时,应负有怎样的义务?又如,不知为何物而进行破坏处理,导致毒气泄露引起损害,如何承担责任?而这些,已经拓展到债法上的法律处理,以及行政管理上的法律义务承担等,大大超出了传统民法在埋藏物发现这一环节的物权归属定位。更为严谨地来讲,对利益埋藏物的发现,才是民法学上最为典型和传统的埋藏物发现制度调整的对象。

第三节　埋藏物发现行为的复合性

通过价值固定与分析对埋藏物类型进行体系化,区分出不同的埋藏物类型，亦即区分出埋藏物发现的不同客体，埋藏物发现行为在作用于不同客体时体现出不同的特点。因此，当概括性地阐述埋藏物发现行为时，并不能简单地将之冠以事实行为或者法律行为的定性，在这个意义上来说，埋藏物发现行为具有明显的复合性。

一、事实行为层面的埋藏物发现

在大陆法系埋藏物发现制度的传统理论中，都将其定义为事实行为，对此已成定论。如史尚宽先生有言："发现，谓认识埋藏物之所在"，"埋藏物发现为事实行为，不适用代理之理论"。[①] 所谓事实行为，是指行为人不具有设立、变更或消灭民事法律关系的意图，但依照法律规定客观上能引起民事法律后果的行为。[②]

民法学上的发现，体现出鲜明的"埋藏物—人发现"这一行为模型。也就是说民法学上的埋藏物发现，有着被动性，埋藏物处于"被发现"状态。这可以从发现行为的构成要件角度进行区分。事实行为具有以下几个特点：第一，事实行为完全不以意思表示为其必备要素，当事人实施行为的目的并不在于追求民事法律后果；第二，事实行为依照法律规定而直接发生法律后果，不同于法律行为的设权性；第三，事实行为只有在行为人的客观行为符合法定构成要件时，才能发生法律规定的后果，不同于法律行为重在意思表示；第四，事实行为不要求行为人具有相应的民事行为能力。[③]

前文已有述及，民法意义上的埋藏物发现"以偶然性为原则，以出于预定计划的发现为例外"，由此观之，偶然发现埋藏物因为不具有取得埋藏物所有权的目的意思，更缺乏法律效果意思和表示行为，是一种典型的事实行为。由此可以推导，当发现人对埋

---

① 史尚宽著：《民法物权论》，中国政法大学出版社 2000 年版，第 139 页。

② 马俊驹、余延满著：《民法原论》，法律出版社 2010 年版，第 182 页。

③ 马俊驹、余延满著：《民法原论》，法律出版社 2010 年版，第 182 页。

藏物的发现是出于偶然时，无论该埋藏物是哪种类型，亦即无论是发现民事层面上的一般的、普通的埋藏物，还是发现行政法意义上的文物、古生物化石等，该发现行为本身均属于事实行为层面。不同的对象影响的只是最终的所有权归属或者说发现后的处理，而偶然发现行为本身不因发现对象的不同而偏离事实行为的定位。出于预定计划的埋藏物发现，情况则略微复杂。对于经他人同意在他人物中出于预定计划发现一般埋藏物而言，虽然包含有取得埋藏物的主观目的，但是，这一主观目的是无关紧要的，发现后埋藏物归属的法律效果仍然源于法律的直接规定，且这种所有权分配的效果，与这一主观目的并无任何关联，而是与发现这一客观行为高度相关，故仍然属于事实行为。而诸如文物、矿产资源、古生物化石等，在行政法律部门中的特殊规定不仅仅局限于发现后的处理，还包括探寻、发掘等一系列环节，故存在差异。

二、法律行为层面的埋藏物发现

法律层面的埋藏物发现，主要集中于行政法律部门统摄的各种埋藏物类型，包括文物、古生物化石和矿产资源。从这一角度分析发现行为的定性，实际上是从埋藏物类型化的基础上，从埋藏物发现对象区分的维度进行分析。这一考察维度，与从发现行为构成要件本身，即偶然性还是出于预定计划进行分析发现行为的定性，有所交叉和重叠。总而言之，通过对发现行为构成要件这一维度的分析可以得出，出于偶然的发现行为本身都属于事实行为的范畴，这是原则和通论；经他人同意在他人物中出于预定计划发现一般埋藏物，亦属于事实行为；而对特别法上，即行政法律部门规定的，或者称为行政法意义上的埋藏物进行发现，则由于对象的特殊性，属于法律行为层面的发现行为。后两个结论的得出，实际上就是用到了埋藏物类型化区分这一考察维度。

(一)文物的探寻与发掘

在《文物保护法》等相关文物保护法律法规中,对考古发掘进行了细致的规定,全过程大体上可分为考古调查、勘探与发掘。该法虽主要规定文物发掘的相关要求和限制,但发掘的前提在于已经探知到文物的大致所在。而文物的探寻,亦即考古调查与勘探,在《文物保护法》中亦有规定,如第29条规定:进行大型基本建设工程,建设单位应当事先报请省、自治区、直辖市人民政府文物行政部门组织从事考古发掘的单位在工程范围内有可能埋藏文物的地方进行考古调查、勘探。考古调查、勘探中发现文物的,由省、自治区、直辖市人民政府文物行政部门根据文物保护的要求会同建设单位共同商定保护措施;遇有重要发现的,由省、自治区、直辖市人民政府文物行政部门及时报国务院文物行政部门处理。由此可见,对文物的探寻和发掘,除开零星的动产文物基于偶然发现而属于事实行为之外,其他的文物调查与勘探,也就是文物的探寻这一过程或行为,均属于法律行为。与此同时,文物发掘基于文物调查与勘探,不仅要履行相应的手续,满足相应的条件,从主观意思来考察,也都是带有意思表示的,最终的发掘或发现行为属于法律行为无疑。

(二)古生物化石的探寻与发掘

在《古生物化石保护条例》中,并未明言对于古生物化石的探寻。《古生物化石保护条例》第16条规定:"进行区域地质调查或者科学研究机构、高等院校等因科学研究、教学需要零星采集古生物化石标本的,不需要申请批准,但是,应当在采集活动开始前将采集时间、采集地点、采集数量等情况书面告知古生物化石所在地的省、自治区、直辖市人民政府国土资源主管部门。"由此可以推知,在零星采集进行之前,必然已经完成了探寻工作,测定了古生物化石的所在,只是这样的探寻活动包含在区域地质调查等过程中。同样地,即便是进行"发掘",即利用机械或其他动力进行挖掘活动，从逻辑上推导也可知必然已经先期探明古生物化石之所在。而这样的探寻必然也是出于预定计划，有意思表示的因素存在，属于法律行为意义上的探寻。另外，就发掘或发现行为本身而言，同样需要履行一系列手续并满足相应条件，对古生物化石的发掘同样是在意思表示的支配下进行，也是属于法律行为。

（三）矿产资源的探寻与发掘

矿产资源的发现更具有典型意义，亦即对矿产资源这一埋藏物类型的发现更为明显地区分了“发现物之所在”与“使之脱离埋藏物环境”，并在法律上对其创设了两种相应的权利，即探矿权与采矿权，同时适配了一系列法律上的权利与义务。根据《矿产资源法实施细则》第6条规定，探矿权是指在依法取得的勘查许可证规定的范围内，勘查矿产资源的权利。“由此可以肯定的是要实施矿产勘查活动首先必须要有特定的矿区和工作区；其次，探矿权人申请探矿权进行矿产勘查肯定有其特定的目的，即探寻可能存在于工作区内的矿产资源，如果明知没有资源，也就不会进行勘查；第三，虽然探矿权人带有很强的目的性，但是勘查的结果仍然有两种：发现矿产资源或者没有发现。”“探矿权的客体是工作区的地下构成物”①由此观之，探矿权前提下，若没有探测到矿产资源，自不必过多分析。若探测到矿产资源，则意味着探矿权人主观目的的实现。事实上，对于探矿权的性质，有准物权说、用益物权说、特许物权说、债权说等多种说法，但毫无疑问，基于法律规定对矿产资源的探寻是一种法律行为。采矿权亦是一个复合型的权利，通常包括矿地占有权、矿地使用权、开采权、取得和销售矿产品的权利、矿山建筑权和辅助建筑权、依法转让采矿权等。仅就矿产资源的开采即开采权而言，是指采矿权人按照采矿许可证允许的特定矿

---

① 蔡德容、郑栋伟：《探矿权的法律属性及其意义》，载《中国矿业大学学报（社会科学版）》2006年第1期。

区和矿种从事开采矿产资源的权利。包括采矿权人自身的采掘活动，也包括经采矿权人同意的他人的开采活动。① 这样的矿产资源采掘行为同样需要满足法律法规规定的条件和程序，也同样属于在意思表示的支配下进行的法律行为。

三、埋藏物发现行为的复合性质探寻

通过“发现行为的构成要件”及“埋藏物类型化区分”两个维度的分析和阐述，我们可以得出这样的一个结论：基于对埋藏物类型的扩张，亦即在对埋藏物作广义理解的基础上，对埋藏物发现行为的定性也发生了相应的变化。传统民法理论上，埋藏物发现一直没有偏离事实行为的定位，并作为通过事实行为取得所有权的一种典型方式。但通过“埋藏”这一概念的统摄，将埋藏物的范围和类型进行了扩张，不再局限于一般的民事上的埋藏物，而将特别法上规定的特殊埋藏物纳入探讨的范围，循着“埋藏物—发现—发现后处理”这一条主线，埋藏物类型的扩张投射到“发现”行为上面，便对发现行为本身完成了扩张。也就是说，因为发现的行为对象扩张变得多元，而使发现行为自身体现出了明显的复合性特征，在不同的情况下，针对不同的发现客体，有着不同的性质定位，不能一概以事实行为或是法律行为来直接定义，如表 2-1 所示。

表 2-1　埋藏物发现行为

项目	偶然发现	指示发现
一般埋藏物	事实行为	事实行为 （经同意在他人物中）
文 物	事实行为	法律行为

① 崔建远：《矿业权法律关系论》，载《清华大学学报（哲学社会科学版）》2001 年第 3 期。

续表

项目	偶然发现	指示发现
古生物化石	事实行为	法律行为
矿产资源	对矿产资源的探寻或发现,须达到"资源"程度,偶然发现只能发现零星矿物,仍须专业队伍再次勘探,故不存在偶然发现矿产资源一说	无论勘探和采掘,均属于法律行为

通过表 2-1 可以得出以下结论:

第一,对于民事上的一般埋藏物而言,无论是偶然发现还是出于预定计划的发现,都属于事实行为。这种情况,也就是最为传统和典型的埋藏物发现的情况和类型。

第二,传统民法上,对于偶然发现的情况下,对特别法上规定的埋藏物类型,特别是文物,法律大多规定了"依照特别法规定"等类似条款,"民法对于学术、艺术、考古或历史资料攸关之埋藏物,规定其所有权之归属,依特别法之规定"。① 唯对于矿产资源略有例外,《矿产资源法实施细则》第 2 条规定,矿产资源是指由地质作用形成的,具有利用价值的,呈固态、液态、气态的自然资源。现实生活中,可能存在当地居民发现零星矿物的情况,此种情况下也一般作为无主物被发现人占有或因为不具有使用价值而被抛弃,但要达到"资源"的程度,则必须经过专业调查和勘探,而这已经属于法律行为的范畴。故对于矿产资源,不存在因事实行为或因偶然发现的可能。

第三,基于预定计划对特殊埋藏物,包括文物、古生物化石、矿产资源等的发现,均属于法律行为的范畴。同时,对这些对象的发现,与一般的民事埋藏物亦有区别,主要表现在"认识埋藏物之所

① 史尚宽著:《民法物权论》,中国政法大学出版社 2000 年版,第 140 页。

在”和“使之脱离埋藏物环境”两个环节相互独立,且均有意思表示要素。而一般的民事埋藏物,即便是出于预定计划,“探”与“挖”亦常连为一体,属于事实行为范畴。

第三章　埋藏物发现行为的关系结构

第一节　埋藏物发现的主体

发现人是埋藏物发现法律关系的主体，是该关系中的当事人，自无疑问。事实上，讨论埋藏物发现的主体，也就是如何认定发现人，关系到发现人权益的确定与实现。有学者指出，“受制于埋藏物发现属于典型事实行为的定性，代理无法适用，出路还是从规范本身出发，通过借助交易观念的经济标准来界定发现人”，并由此将埋藏物发现的主体，区分为三种，分别为：“雇佣发现中的雇佣人”（出于预定计划）、“职务行为中的雇员”（偶然发现）及“约定主体”。特别是其中的约定主体，系指“如果雇佣双方约定雇员在提供劳务的过程中发现埋藏物应交给雇主并由其所有，鉴于这项约定既不会导致有计划的发现，也不会改变合同目的，类似于偶然的发现，故雇员是发现人,但该约定的存在为预期占有改定提供了可能,即雇主在雇员取得埋藏物权属的瞬间受让该权利”。[①]

但是,囿于社会关系的复杂性,埋藏物发现行为中的主体可能存在多种情形,本节内容旨在对此进行细致分析。若无特别提出,本节所称埋藏物发现以民事上的一般埋藏物的发现作为讨论对象。

一、埋藏物的个体发现与指示发现

埋藏物的发现行为,属于事实行为,不要求发现人具有民事行为能力,因此不具有完全行为能力的人,也可以成为发现人,即其亦可独立完成埋藏物的发现。[②] 可见,与法律行为事实的主体不同,该制度对埋藏物发现人的主体资格并未作民事行为能力方面的限制。无论本国人还是外国人,一人或多人,只要是自然人,均可成为发现人。[③] 埋藏物的个体发现,即埋藏物的发现者是单一的自然人,由其独立完成埋藏物的发现,这是埋藏物发现人最常见的情形。在这种情形之下,谁发现埋藏物谁就是发现人。例如,某甲独自一人在他人土地中发现一罐银元,此时某甲即为该银元的发现人,享有发现人权利。

埋藏物的指示发现,是指经人指示而为的发现,此时根据不同的情况可确定不同的发现人。一般来讲,基于他人指示而发现埋藏物者,发出指示之人为发现人,“发见埋藏物得指示他人为之,此际应以其指定人为发见人,例如雇用他人挖掘埋藏物之宝物而发见者,仅该雇用人为发见人”。[④] 但另一方面,如果该雇工被指示所

① 常鹏翱:《民法中典型事实行为的规范关系》,载《法学》2012年第4期。

② 韩松、姜战军、张翔著:《物权法所有权编》,中国人民大学出版社2007版,第400页。

③ 荣荣:《埋藏物发现制度的法律问题研究》,复旦大学2007年硕士学位论文,第16页。

④ 谢在全著:《民法物权论》(上册),中国政法大学出版社2011年版,第302页。

为之事并非发现埋藏物而是其他事之时，发现埋藏物之雇工则为发现人，“惟依一般观念，非受指示而发见时”，不受指定人为发见人的限制。“例如雇工拆屋，在拆除墙壁时发见龙银，则其发见人则非雇用人，亦非工头而为该受雇之工人。”①学者如此解读其背后的原理，“在埋藏物发现是出于预定计划时，如雇人勘探发掘埋藏物，行为的目的、成本和风险均表明是雇主主导了发现，这是物重获新生的直接原因，雇主当然是发现人。在埋藏物发现是出于偶然因素时，如雇员在开挖地窖的过程中发现了埋藏物，尽管雇主提供了条件，但雇主对发现既无成本也无风险，发现的直接动因是雇员，由雇员取得埋藏物的权属”。②

然而，根据前文的分析，发现埋藏物以“偶然”为构成要件，因而指示发现本身如若可能，即出于某种预定计划，则要么在自己物中而为发现，要么“经同意出于计划在他人物中而为发现”。综而言之，指示发现的情形如表 3-1 所示。

表 3-1　指示发现埋藏物

<table>
<tr><td rowspan="5">指示</td><td rowspan="3">指示发现埋藏物</td><td>在自己所有物中</td><td>行使所有权行为</td><td>指示人为发现人；发现人与所有人竞合（法国民法不承认）</td></tr>
<tr><td rowspan="2">在他人所有物中</td><td>经同意</td><td>指示人为发现人</td></tr>
<tr><td>未经同意</td><td>不发生“埋藏物发现”</td></tr>
<tr><td rowspan="2">指示为其他行为</td><td>在自己所有物中</td><td colspan="2">被指示人（雇工）为发现人</td></tr>
<tr><td>在他人所有物中</td><td colspan="2">被指示人（雇工）为发现人</td></tr>
</table>

① 谢在全著：《民法物权论》（上册），中国政法大学出版社 2011 年版，第 302 页。
② 常鹏翱：《民法中典型事实行为的规范关系》，载《法学》2012 年第 4 期。

基于表3-1的对比,可得出如下结论:

1. 在指示发现埋藏物的情形下,对埋藏物的发现是有指示人的目的意思在内,实际发现埋藏物的人只是指示人的意思执行者,因此原则上指示人是发现人。在自己物中所为的发现,可看作行使所有权的行为,因此,发现人与空间环境所有人竞合,发现之埋藏物均归属于指示人。但须注意的是,不同的国家对埋藏物发现制度的构成要件设定了不同的标准,可能影响主体的认定。例如,在法国民法中,埋藏物的发现须基于偶然且是第三人所为,方可构成所有权的取得方式。故此,以下两种情况不属于埋藏物发现。第一,埋藏物被不动产所有人自行发现,根据《法国民法典》第716条规定:“埋藏物的所有权,属于在自己土地内发现之人。”因此,该埋藏物应当作为添附而属于该所有人。第二,由于奉行偶然发现主义,要求发现必须基于偶然,所以基于所有人寻物、发掘的意愿所发出的指示而由第三人(雇工、佣人等)发现亦不构成埋藏物发现。如法国巴黎法院1948年10月9日判决指出:“所有人有权证明一隐藏于夹墙中的金币的发现系在其指挥和命令下由工人进行的。就因为,如该所有人能证明这一点,他就可宣称自己为该埋藏物的所有人。”①

2. 在他人所有物中指示发现埋藏物,区别在于是否经过空间权利人的同意。经过同意的,则指示人为发现人;未经同意的,法律禁止进行发现和挖掘行为,即使实际履行动作,存在最终发现埋藏物的事实行为,亦不可适用埋藏物发现制度,即不发生埋藏物发现在法律上所设定的所有权取得后果。

3. 指示为其他行为,如指示挖井等先行为,无论在自己物中还是在他人物中,发现埋藏物的,均由被指示人即雇工为发现人。指示在自己物中为先行为,雇工作为发现人,指示人是环境权利人;

① 尹田著:《法国物权法》,法律出版社1998年版,第227~228页。

指示在他人物中为先行为，雇工为发现人，他人物之所有人为环境权利人。

另需明确的是，不能将指示行为与委托行为相混淆。由于埋藏物发现制度是根据发现人本人的发现行为而适用的，与发现人具有密不可分的联系，所以埋藏物的发现不得适用代理理论。①

二、埋藏物的单位发现与职务发现

埋藏物的单位发现，是指由单位或法人基于发现行为而享有发现人资格。作为法律上拟制的人，单位或法人并不可能自己完成发现行为，而是由其内部的成员或者员工，即特定的自然人来具体实施的。由于埋藏物发现是典型的事实行为，应当根据行为实施人的实施行为依照法律的直接规定来发生法律后果。故埋藏物的单位发现和埋藏物的职务发现，实际上属于一体两面的问题，即如果基于单位的指示，最终埋藏物的发现人应当确定为单位或法人，此时对于实际发生发现动作的行为人来讲，便是作为埋藏物发现的职务行为，法律效果归属于指示人。这一点类似于前文所述的埋藏物指示发现，不同之处在于指示人的身份和主体不同，埋藏物的单位发现是一种特殊的指示发现，体现在指示主体是单位而非个人。可见，在民法意义上的埋藏物发现中，单位或者法人只能出于预定计划而不可能基于“偶然”而为发现，因为一旦出于偶然，则说明员工的工作并非基于工作的要求或指示而意外发现，此时就只能认为是该员工基于自主意识的个人行为而非职务行为。

对于私法人来讲，指示发现埋藏物从而享有发现人资格并无多少疑义。但对具有公共职能的公法人，即国家机关、事业单位、

---

① 荣荣：《埋藏物发现制度的法律问题研究》，复旦大学 2007 年硕士学位论文，第 16 页。

团体法人等是否能够取得埋藏物发现人的资格则存在争议。“1964 年的苏俄民法典,就明确以但书方式排除了负有发掘和寻找埋藏物职责的人。也就是说,对于具有文物发掘等特殊职责的单位及其工作人员,一律不能适用埋藏物发现制度。”①有学者认为,“由于职责所在,某些发现人享有有限取得所有权将有悖于弘扬高尚道德,固应立法予以限制。结合我国的具体情况,机关、事业、团体法人不得享有有限取得所有权。此类法人如享有有限取得所有权将有悖于社会公德,也违背其社会宗旨。如文物管理机关有保护文物的义务,如有限取得所有权显然不当。因为法人作为发现人系以其工作人员的行为为实现,所以,其工作人员在执行职务过程中发现埋藏物应视该法人为发现人,法人及发现行为者均无有限取得所有权”。② 另有论者有言,“尤其是一些负有特定职责的国家机关和企事业单位。例如,军队在指挥军人抗洪抢险救灾时,军人发现了埋藏物,而军队(包括军人)不能成为该埋藏物的所有人,也不能享有报酬请求权”。③

总结而言,前述观点及认识均有一定道理,但在这方面对前述机关、法人的此类限制等都局限在其行政职能或公共职能的发挥中,例如具有文物发掘职能的单位的限制,军队及军人抗洪抢险中的限制等。但国家机关、事业单位、社会团体等能够作为民事法律关系的主体之一参加民事活动是基本的法理,在出于约定计划,探寻职权范围之外埋藏物亦并无不可。关键在于明确其在不同情形下具体适用规则,如表 3-2 所示。

① 荣荣:《埋藏物发现制度的法律问题研究》,复旦大学 2007 年学位论文,第 17 页。

② 肖丕国:《确立埋藏物发现人有限取得所有权刍议》,载《人民法院报》2001 年 5 月 23 日,第 3 版。

③ 奚向鹏:《论我国发现埋藏物制度及改革》,大连海事大学 2011 年硕士学位论文,第 4 页。

表 3-2　公私法人指示发现埋藏物

<table>
<tr><td>私法人</td><td>指示发掘情形下</td><td colspan="2">法人为发现人</td></tr>
<tr><td rowspan="4">公法人</td><td rowspan="2">自身职责的行为</td><td>偶然发现</td><td>员工自己为发现人</td></tr>
<tr><td>指示发现</td><td>不发生
民法上的埋藏物发现</td></tr>
<tr><td rowspan="2">自身职责之外的其他职务行为</td><td>偶然发现</td><td>员工自己为发现人</td></tr>
<tr><td>指示发现</td><td>该法人或单位为发现人</td></tr>
</table>

因此,埋藏物的单位发现和职务发现,可作如下划分。

1. 区别私法人和公法人。私法人指示发掘埋藏物,与私个人主体主体发掘并无本质不同,区别仅在于:一个是法人主体,一个是自然人主体。

2. 自然人执行职务,履行公法人自身职责的行为事项中,如果偶然发现,则职工自己为发现人。如城建局职工在疏通下水道的过程中,偶然发现一埋藏物,因发现行为系属事实行为,该职工应作为发现人。

3. 自然人执行职务,履行公法人自身职责的行为事项中,接受法人的指示发现埋藏物,此时发现埋藏物这一行为本身就是公法人职责,因此,不发生民法上的埋藏物发现的制度结果。例如文物保护单位指示职工发掘文物等。

4. 公法人执行自身职务之外的其他行为过程中,偶然发现埋藏物,则实施发现行为的职工本人为发现人;指示发现情况下,则该法人或单位为发现人。

此外,文物、古生物化石、矿产资源等行政法上的特殊埋藏物,与普通的一般民事埋藏物一样具有“被埋藏”的特性,故与之一起被定义为“广义的埋藏物”。对特殊埋藏物的发现前文已有述及,是以“计划发现为原则,偶然发现为例外”的法律行为性质的发现。对其发现主体即发现人资格的确定,大多基于相关法律、法规的直接规定。

1. 文物

《文物保护法》第 27 条规定：一切考古发掘工作，必须履行报批手续；从事考古发掘的单位，应当经国务院文物行政部门批准。地下埋藏的文物，任何单位或者个人都不得私自发掘。另外，《文物保护法实施条例》第 20 条规定，申请从事考古发掘的单位，取得考古发掘资质证书，应当具备下列条件：(1)有 4 名以上接受过考古专业训练且主持过考古发掘项目的人员；(2)有取得文物博物专业技术职务的人员；(3)有从事文物安全保卫的专业人员；(4)有从事考古发掘所需的技术设备；(5)有保障文物安全的设施和场所；(6)法律、行政法规规定的其他条件。《文物保护法实施条例》第 21 条还规定，申领考古发掘资质证书，应当向国务院文物行政主管部门提出申请。可见，对于文物的指示发掘而言，其发现人资格只能由符合规定的单位享有。个人发现文物，只能基于偶然，并且由民法中的埋藏物发现制度调整，一般依照特别法的规定决定所有权归属。

2. 古生物化石

《古生物化石保护条例》(以下简称《保护条例》)第 10 条规定，因科学研究、教学、科学普及或者对古生物化石进行抢救性保护等需要，方可发掘古生物化石。发掘古生物化石的，应当符合《保护条例》第 11 条第 2 款规定的条件，并依照《保护条例》的规定取得批准。第 11 条规定：在国家级古生物化石自然保护区内发掘古生物化石，或者在其他区域发掘重点保护古生物化石的，应当向国务院国土资源主管部门提出申请并取得批准；在国家级古生物化石自然保护区外发掘一般保护古生物化石的，应当向古生物化石所在地省、自治区、直辖市人民政府国土资源主管部门提出申请并取得批准。申请发掘古生物化石的单位应当符合下列条件，并在提出申请时提交其符合下列条件的证明材料以及发掘项目概况、发掘方案、发掘标本保存方案和发掘区自然生态条件恢复方案:(1)有3名以上拥有古生物专业或者相关专业技术职称,并有3年以上古生物化石发掘经历的技术人员(其中至少有1名技术人员具有古生物专业高级职称并作为发掘活动的领队);(2)有符合古生物化石发掘需要的设施、设备;(3)有与古生物化石保护相适应的处理技术和工艺;(4)有符合古生物化石保管需要的设施、设备和场所。由此可知,古生物化石的发掘需要较高的技术水平和准入门槛,相关法规中规定了详尽的主体限制,古生物化石的发现主体一般限制在科学研究、教学、科学普及以及对古生物化石进行抢救性保护的单位或法人之中。换言之,目的上的限制和技术准入的限制实际上排除了个人基于法律行为而为的古生物化石发现。一般亦是由单位享有对古生物化石的发现人资格。

3. 矿产资源

探矿权主体主要包括探矿权申请人和矿产勘查出资人、承担矿产勘查作业任务的勘查单位。其中,探矿权申请人和矿产勘查出资人通常是同一主体。我国法律确立了勘查出资人制度,即勘查出资人为探矿权人,体现出"谁投资、谁受益"的市场经济原则。依照有关规定,探矿权人是指出资勘查矿产资源,具有组织勘查行为能力(资金、技术、设备等),依法享有探矿权权利和承担相应义务的法人。但是外国人来华投资勘查矿产资源,必须首先设立企业,成为中国的企业法人。我国还规定了勘查出资人与作业人分开的原则。采矿权必须由依法独立享有民事权利和承担民事义务的企业或者个人承担,目前在实践中采矿权人主要是指企业法人,而且通常是采矿权人直接实施矿产开发活动。从理论上讲,采矿权人与具体实施采矿活动的作业人可以分开,但必须具备法律规定的资质条件,如前者应具有以资金为主要内容的独立承担民事责任的能力,后者要具备相应的矿山建设、施工等方面的技术能力和设备条件,并达到安全、环保等方面的规范要求。①

三、埋藏物的联合发现

埋藏物的联合发现,也称为埋藏物的共同发现,亦即发现行为由多人联合实施,最终由多人联合或共同享有发现人的资格和权益。换句话说,当发现行为是多人或多个主体同时实施时,这些主体均享有发现人的地位。但要注意,此时的联合强调的是同一个发现行为下多个发现人的联合,区别于多个发现行为结合而呈现出来的发现人数量为复数的情形。另外,基于埋藏物发现的事实行为定性,合伙人发现埋藏物的,以发现者本人为发现人;合伙人共同发现的,则共同为发现人。②

第二节　埋藏物发现的客体

埋藏物发现的客体,亦即发现行为的对象。埋藏物,从文义上来讲,即埋藏在动产或不动产中的物,当然主要埋藏在土地等不动产中。也就是说,先无论大陆法系的传统民法理论对埋藏物的法律特征如何定义,"埋藏"是谈及埋藏物时考虑的第一特征,也是本书将埋藏物类型进行扩张,从广义上进行类型化的逻辑起点。

正是"埋藏性"要素,扩张了传统民法上埋藏物的类型范围,证成了广义埋藏物的概念。"鉴于古生物化石、文物和矿产资源等都出自地下或者埋藏在土地当中,广义上都可以称之为埋藏物。这种广义埋藏物的概念,强调的是:无论属于埋藏物的哪种形态,也就是不论是古生物化石、文物、矿产资源或者埋藏物,其作为埋藏

---

① 刘欣:《物权法背景下的矿业权法律制度探析》,中国人民大学2008年博士学位论文,第40页。

② 沈芯吉:《埋藏物制度研究》,西南政法大学2007年硕士学位论文,第8页。

物的几个基本要素是一致的。包括:(1)埋之于土地或者隐藏于隐蔽之处(多数情况下只能隐藏于土地之中);(2)埋藏于土地或者隐藏于隐蔽之处的原因力可以无论是人为原因、自然原因或者社会原因等;(3)这些埋藏物都具有特定的利益代表物的法律特征,应当为法律所保护。"①

对埋藏物进行类型化,可基于不同的区分角度。首先,基于"埋藏"这一共性,所有被埋藏的物均被广义埋藏物涵盖。重点区分一般埋藏物与特殊埋藏物。同时,根据对发现人及社会是否具有特定价值等区分为利益型埋藏物、致害型埋藏物以及违禁型埋藏物,如表3-3所示。

表3-3　广义埋藏物类型

<table>
<tr><td rowspan="8">广义埋藏物</td><td rowspan="6">利益型埋藏物</td><td>A. 一般埋藏物(狭义埋藏物)</td><td rowspan="3">此三类属于"民法意义上的埋藏物"</td></tr>
<tr><td>B. 价值极高自然物(乌木、陨石等)</td></tr>
<tr><td>C. 自然孳息</td></tr>
<tr><td>A. 文物</td><td rowspan="3">此三类属于"行政法意义上的埋藏物"、特殊埋藏物</td></tr>
<tr><td>B. 矿产资源</td></tr>
<tr><td>C. 古生物化石</td></tr>
<tr><td>致害型埋藏物</td><td colspan="2">包括可致害的狭义埋藏物</td></tr>
<tr><td>违禁型埋藏物</td><td colspan="2">包括毒品、枪支、弹药等</td></tr>
</table>

一、民事埋藏物

民事埋藏物,即为民事法律所调整的广义埋藏物类型。包括狭义埋藏物、价值极高自然物以及自然孳息三种类型。

---

① 王建平:《埋藏物乌木发现者权益的立法逻辑比较分析》,载《西南民族大学学报》(人文社会科学版)2013年第1期。

(一)狭义埋藏物

在传统的大陆法系民法理论中,各国立法与学说对于埋藏物的概念都未尽一致。例如在德国、瑞士民法中,埋藏物须为长期埋藏之物,非长期埋藏,如遗失物遗失后即被埋藏者,不得成为埋藏物。《法国民法典》关于埋藏物的概念,虽不以"长期埋藏"为要件,但认为仅有发现人于偶然场合所发现之物方可成为埋藏物。日本民法与我国台湾地区"民法"虽未就埋藏物概念设有明文规定,但其学说之解释几近一致,即认为包藏于他物之中,不易由外部目睹,而其所有人不明之物即为埋藏物。综合起来,所谓埋藏物是指埋藏于土地及他物中,其所有权归属不能判明之动产。首先,埋藏物须为动产;其次,须为埋藏之物;最后,须为所有权归属不能判明之物。①

本书所称的狭义埋藏物,即属于满足上述法律特征的埋藏物类型。换言之,所谓狭义埋藏物,是指在传统大陆法系民法意义上所规定的,具有动产所有权取得意义的埋藏物类型。除此之外,狭义埋藏物尚具有以下客观上的特点:

第一,种类的多样性。狭义埋藏物是一个综括的概念,埋藏性要素的优位性,决定了法律对于埋藏的原因力究竟是否"人为"在所不问,可能是人为,亦可能是基于社会事件和自然事件。作为狭义埋藏物可能出现的标的种类,几乎可能是社会生活中出现的任何物,范围覆盖社会生活的方方面面。

第二,分布的零散性。这一特征亦是区别于特殊埋藏物的一个突出特点。正因为埋藏物可能基于各种原因力被埋藏,且标的种类非常多样,范围非常广泛,故对于何地可能存在狭义埋藏物、可能存在何种狭义埋藏物,并不能通过地理观察或其他科学技术手段予以预测而得知。在分布上具有零散性、广泛性、不明确性。

① 陈华彬:《埋藏物发现的若干问题》,载《法学研究》1995年第3期。

第三,物的价值性。狭义埋藏物均具有一定的经济价值。具有积极价值的,称为利益物,指可对发现人或社会产生积极影响,例如,可资利用或者实现财富增加等。但仍有部分狭义埋藏物具有消极价值,例如,发现诸如易燃易爆品等致害物,从本质来讲,任何物均具有一定的价值,但其本身可对人体、自然或社会产生消极影响。故狭义埋藏物与致害型埋藏物的范围多有交叉,只是基于不同的分类标准而分为狭义埋藏物与致害型埋藏物等类型。

(二)价值极高自然物

本书借鉴并改造《瑞士民法典》中的概念,主张以"价值极高自然物"的概念作为埋藏物的类型之一。《瑞士民法典》第724条之一规定,"学术价值极高的无主的自然物或文物,一经发现,归发现地的州所有"。[①] 由此可知,瑞士民法典创设了一个"学术价值极高的无主的自然物"的概念与"文物"相并列与对等。众所周知,各国对于发现埋藏的文物,大多规定依照特别法的规定,或直接规定归国家或所在地方政府所有,总之是否定发现人的所有权主张。文物的价值在于,其大多属于在漫长的历史进程中,人类社会创造出来的体现人类生活、表达人类文化,具有历史、艺术、科学等价值或者是具有重要历史价值、反映重大历史事件的实物等,总而言之,文物是具有重大复合价值的人类社会的出产物。埋藏的自然物一般较少为立法者所重视。但《瑞士民法典》为自然物设定了两大前提,即"学术价值极高"与"无主的",亦即若非"学术价值"极高且属于"无主的"自然物,则不为该条所调整。

回归到"乌木案"中,媒体广泛报道乌木作为一种自然出产

---

① 《瑞士民法典》,殷生根译,法律出版社1987年版,第202页。新近的译著版本中,译者将"学术价值极高"直译为"具有科学价值",参见戴永盛:《瑞士民法典》,中国政法大学出版社2016年版,第259页。

物，具有极高的经济价值以及科研价值。但仔细探究乌木到底属于何种性质并为之适配法律规则时发现这是一个巨大的法律空白：作为自然出产物，乌木属于自始无主之物，我国当前立法缺乏无主物先占规则；同时，由于乌木又具有极高的价值，如若依照无主物先占的民事习惯，则可能不当刺激人们探寻、发掘乌木，造成秩序混乱；然而，将其作为埋藏物制度的客体，依照诸多学者的理解，被埋藏之物须为人力埋藏之物，或者退一步说，即便不考虑被埋藏的原因力，也应当是过去为人所有之物，而乌木显然并非如此。对埋藏物进行类型化，是为了适配不同的法律规则，在最终的所有权归属上作出制度设计，以兼顾发现人的发现利益与其他利益。设计“价值极高自然物”这一民事埋藏物类型之用意也正在于此。

狭义埋藏物虽涵盖种类多样且广泛，但与乌木等具有较高价值的自然物尚有区别，且从制度的预测性角度亦不宜将其直接规定为狭义埋藏物，而宜作出区分。从现有的国内外案例可知，狭义的埋藏物大多属于人类社会物，如修建工程时发现钱币、书画等，且从价值角度衡量，虽均具有一定的价值，但尚在可预测范围内。乌木作为一种自然物，有其自身的特点，例如，多埋藏于河道附近，且在某一地区集群出现，如四川等地的山区内。按照本书的制度构想，参考借鉴其他大陆法系国家的规定，对狭义埋藏物采取发现人有限取得所有权主义，甚至是二分之一主义，也就是说，狭义埋藏物对应的制度设计是赋予了发现人提出所有权主张的权利，狭义埋藏物是具有所有权取得意义的物。因此，对于动辄估价上千万元的乌木而言，如果允许发现人提出所有权主张，这样的价值诱惑不啻为一种悬赏，容易造成不当鼓励行为人滥采滥挖、严重破坏生态环境的情况出现。所以，将价值极高的自然物从狭义埋藏物概念中剥离而单独设置，并配以报酬请求权等制度设计，能够降低发现人恶意滥采并主张所有权的企图，保护生态环境和社会秩序稳定,同时保护发现人的利益,保障其享有特定的发现人权益。实际上,将"价值极高自然物"从狭义埋藏物的概念中剥离出来,最大的用意也正在于使其不成为所有权主张的对象,这也与屈茂辉教授对于"狭义埋藏物是指具有所有权取得意义的物"的主张不谋而合。

价值极高自然物与狭义埋藏物的区别主要体现在价值的区分上。故此,"价值极高的自然物"具有如下特征。第一,它符合民事埋藏物的基本特征,这一点与狭义埋藏物并无任何区别。例如,属于动产、埋藏于土地或其他物中、所有人不能判明。第二,它属于自然物,不属于人类社会生活遗存物或加工物。第三,其具有巨大价值。并非所有的自然物,都能脱离狭义埋藏物的规则设定。笔者认为,自然物具有复合价值,常常融经济价值、科研价值等于一体,但在进行价值判断时,主要依据经济价值的高低。此处的价值极高,主要体现在巨大的经济价值上。根据现有的案例和实践中出现的争议,价值极高的自然物,主要体现为被埋藏的乌木、陨石、狗头金等自然物。

社会出产物,也分为价值极高与价值一般两种类型。价值一般的社会出产物,属于狭义埋藏物几无疑义,如被埋藏的一坛白酒等;从本质上来说,价值极高的社会出产物,仍然是狭义埋藏物,如被埋藏的总量巨大的黄金制品,埋藏物发现学说和各国立法实践均肯认其作为狭义的民事埋藏物而适用发现规则;但如果从该物的性质上来看,若符合文物的特征,如被埋藏的古代瓷器珍品,则属于文物,适用特殊埋藏物的处理规则。对是否属于文物,须经过相关机构的鉴定和认证。

(三)自然孳息

自然孳息,又称天然孳息。孳息是与原物相对应的概念,无原物则无孳息。原物是产生孳息的物,孳息是指原物上产生的收益。天然孳息,是指原物因自然规律而产生的,或者按物的用法而收获的物,如母鸡生蛋、树上结果。天然孳息可以是自然的,也可以是人工的(如从羊身上剪下的羊毛等)。但是,人工产生的物必须是没有对出产物进行改造加工,如将牛乳制成乳酪,就不是天然孳息。① 天然孳息,自从与原物脱离后,会立即产生归属的问题。对于天然孳息,罗马法的处理原则是“生根的植物从属于土地”,即原物的所有权人取得孳息的权利,但是,法律允许其他人提出可以对抗原物所有权人的抗辩。考察德国、日本及我国台湾地区立法例,关于天然孳息归属的基本规则,是在承认原物所有权人有取得权利的大前提下,同时许可他人享有排斥原物所有权人的取得权利。他人的这一权利可以基于物权产生,例如,基于用益物权;也可因债权产生,例如因当事人约定而取得孳息。② 因此,我国《物权法》第116条明确规定,“天然孳息,由所有权人取得;既有所有权人又有用益物权人的,由用益物权人取得。当事人另有约定的,依照约定”。此处讨论的自然孳息,是指脱离了原物而独立存在的处于被埋藏环境下的自然孳息。其处理规则与一般情况下的自然孳息的归属并无二致,埋藏环境因素的介入,一是从广义上将被埋藏的自然孳息纳入了埋藏物的范围,二是埋藏环境因素可影响用益物权人和所有权人的判定。

二、发现特殊利益型埋藏物

发现特殊利益型埋藏物,即发现对象为行政法律部门规定的埋藏物,包括古文物、生物化石、矿产资源以及自然资源等。

文物,是指遗存在社会上或埋藏在地下的人类文化遗物。包括具有历史、艺术、科学价值的文化遗址、墓葬、建筑和碑刻,各时

① 王利明著:《物权法研究》,中国人民大学出版社2007年版,第475页。

② 全国人大常委会法制工作委员会编:《中华人民共和国物权法解读》,中国法制出版社2007年版,第243页。

代珍贵的艺术品、工艺美术品以及生活用品，重要的文献资料以及具有史料价值的手稿、古旧图书，反映各时代社会制度、社会生产、社会生活的代表性实物。埋藏物发现制度所指称的文物，一般指动产意义上的文物，不包括不可移动文物。古生物化石，是指地质时期形成并赋存于地层中的动物、植物等遗体化石或者遗迹化石。其并不包含古脊椎动物和古人类化石，这两类化石以及古猿化石，在法律上被视为文物而加以保护。矿产资源，则是指由地质作用形成的，具有利用价值的，呈固态、液态、气态的自然资源。

特殊利益型埋藏物具有以下几个突出特征：

第一，价值的复合性。特殊利益埋藏物与一般埋藏物都具有某些特定价值，但是，区别在于特殊利益型埋藏物体现出价值的复合型。首先，从价值数量来说，一般埋藏物仅具有一般意义上的经济价值，但特殊埋藏物的价值除开经济价值之外，大多还具有其他价值种类。例如，文物还包括历史价值、学术价值，矿产资源还包括人类共同体价值等。其次，特殊利益埋藏物的价值体量要远远高于一般埋藏物。例如，仅就经济价值而言，一般埋藏物只具有一般的经济价值，甚至只是单纯的使用价值，而并不具有流通价值或者交换价值，价值体量较小；而特殊利益型埋藏物则普遍具有重大的经济价值。

第二，埋藏的集群性。特殊利益型埋藏物，在埋藏范围上通常具有集群性，特别是矿产资源、古生物化石等在可能埋藏范围内大多较为集中，科学技术的进步甚至能为矿产资源的勘探提供分布可能性分析，这也有赖于其埋藏的集群性特征。从另一个角度来讲，要使埋藏矿产的分布达到“资源”的程度，不具有埋藏的集群性特征也是不可能的。再以文物为例，历史上的古都所在地、人类生活集中地、大型古墓葬等地，也是重要的文物出产地，埋藏的集群性也体现在埋藏文物上。一般埋藏物则不同，一般埋藏物的种类可能是人类生活中的任意一种物品，广泛存在于人类生活的方方面面,其被埋藏可能是基于人为,也可能是基于自然事件和社会事件,在埋藏范围和区域上并无规律可循。

第三,采掘的技术性。特殊利益的埋藏物,在采掘即"使之脱离埋藏物环境"这一过程中,一般具有较高的技术门槛,甚至在法律法规中规定了采掘人所需达到的要求。文物的发掘,仍是具有较高技术要求的工作,在发掘过程中尽量不损坏发掘对象及其他待采文物是基本要求。古生物化石的发掘同样有此要求,须尽力保证所开掘古生物化石的完整性,才能真正发挥它的科学研究价值。矿产资源的开采更是具有很高的技术要求,不同的矿产品种,所需要的技术要求也并不相同,此处不赘。但是,一般埋藏物在采掘上并不需要较高的技术要求,一般人力就能完成,这也符合"偶然性"要求下的事实行为定位。

第四,使用的转化性。一般埋藏物的使用模式通常为直接使用,也就是说,一般埋藏物可以通过直接发挥该物的使用价值来体现其有用性,或者将之放入流通领域,通过交换价值的获取来体现价值。但是,特殊利益型埋藏物价值的体现,具有间接性,或称为转化性。首先,采掘出的文物,并不能直接使用,例如,采掘出古瓷瓶,但不能将之直接作为盛放物体的容器,其作为文物的历史价值、艺术价值、考古价值已经遮蔽了其作为一个容器本身的使用价值,对该文物的使用,须转化为学术研究、艺术鉴赏、考古研究等其他方式。其次,古生物化石也主要体现在其对于历史、考古、学术的价值,对其使用也集中在科学研究、展览观赏等方式上,而非直接使用。最后,矿产资源的使用上具有更明显的转化性。矿产作为资源被采掘出来时,并不具有直接使用的可能性,仍需要一系列技术手段将其转变为矿产品及其他衍生品,才能将之作为能源、材料等。

第五,归属的特殊性。一般埋藏物发现后的归属,虽然在我国现行立法中被规定为"归国家所有",但是通过考察大陆法系相关比较法可知，对一般埋藏物的发现，大多采用发现人有限取得主义，很少有规定为直接归国家所有。但特殊利益型埋藏物则不同，因其具有广泛的社会价值、人类共同体价值，全体社会成员的利益均可凝结其上，所以一般直接规定为国家所有。以文物为例，在大陆法系相关埋藏物发现制度中，虽都对文物的发现有所提及，但大多规定对其归属依照特别法的规定，而不参考一般埋藏物的有限取得。

三、发现致害/违禁型埋藏物

致害/违禁型埋藏物，是根据埋藏物对发现人、社会、环境的利害与否进行区分而得出的埋藏物类型，与利益物相对应。

致害型埋藏物是指，该埋藏物虽从物的性质上属于人类社会生活中出现的制成物，但其在功能上具有破坏人体完整与健康或对生态环境等造成破坏性影响的埋藏物。该类型的埋藏物在现实生活中广泛存在，主要包括固体废料、放射性物质体、易燃易爆品等，还包括历史事件遗留的致害物品等。例如，在我国东北地区，由于历史上的日本侵略，在当地遗留了大量的生化武器、毒气弹药以及生化燃料废弃物等，给当地的居民生产生活造成了严重的危害。至今仍有数以万计的毒气弹被遗留掩埋在土地中。①

违禁型埋藏物，主要指在相关法律法规中禁止行为人持有的埋藏物类型，主要规定在我国《刑法》中。也就是说，埋藏物若为《刑法》规定为不得非法持有的特定物品，则属于违禁型埋藏物。在我国《刑法》中主要规定了两种持有型犯罪，即非法持有、私藏枪支、弹药罪和非法持有毒品罪。

我国《刑法》第 128 条规定，违反枪支管理规定，非法持有、私

---

① ［日］渡部圭：《日本侵华战争遗毒至今难除》，载新华网，http://news.xinhuanet.com/world/2011-09/19/c_122053913.htm，2011 年 9 月 19 日访问。

藏枪支、弹药的,处3年以下有期徒刑、拘役或者管制;情节严重的,处3年以上7年以下有期徒刑。"违反枪支管理规定",是指违反《枪支管理法》以及国家有关部门对枪支、弹药管理等方面作的规定。在我国,枪支弹药包括各种公务用枪、民用枪支及其弹药。根据我国枪支弹药管理规定,只有依法配备公务用枪的人员或单位,以及依法配置民用枪支的人员和单位才可以持有、使用枪支。而"非法持有",则意味着不符合配备、配置枪支、弹药条件的人员,违反枪支管理法律、法规的规定,擅自持有枪支、弹药的行为。因此,当枪支弹药作为埋藏物被发现时,如果行为人不依法上交有关机关,而是非法持有,则可能触犯刑法。我国《刑法》第348条规定:非法持有鸦片1千克以上,海洛因或者甲基苯丙胺50克以上或者其他毒品数量大的,处7年以上有期徒刑或者无期徒刑,并处罚金;非法持有鸦片200克以上不满1千克、海洛因或甲基苯丙胺10克以上不满50克或者其他毒品数量较大的,处3年以下有期徒刑、拘役或者管制,并处罚金;情节严重的,处3年以上7年以下有期徒刑,并处罚金。非法持有毒品罪是明知是毒品而非法持有、数量较大的行为。毒品包括鸦片、海洛因、甲基苯丙胺(冰毒)、吗啡、大麻、可卡因以及国家规定管制的其他能够使人成瘾的麻醉药品和精神药品。在我国,毒品的持有和使用必须经有关部门的批准或许可,除此之外,不管毒品来源如何,只要是实际占有、携有、藏有、保存或者其他方式的拥有且数量较大的都会触犯刑法。①

违禁型埋藏物虽主要规定在刑法中,为刑法所调整,但它与"刑法意义上的埋藏物"不可一概而论。除了上述刑法上规制的违禁型埋藏物之外,在刑法上还有侵占罪可能涉及埋藏物,亦能被界定为"刑法上的埋藏物"。而此时作为侵占罪对象的埋藏物,在内

① 黄爱妹:《对〈民法通则〉中有关埋藏物所有权归属的思考》,载《琼州大学学报》2001年第3期。

涵和外延上同民法上的埋藏物,主要是狭义埋藏物相一致。另外,可以作为侵占罪对象的埋藏物须符合以下几点:(1)他人的埋藏物。(2)须无人占有的埋藏物。侵占罪的本质特征是合法占有非法持有,行为人侵犯在他人占有下的埋藏物的,不构成侵占罪,而可能构成其他犯罪。(3)行为人对埋藏物的发现具有偶然性。行为人应当是偶然发现埋藏物,若明知埋藏物隐匿地点而以非法占有之目的进行挖掘,应当以盗窃类犯罪论处。①

第三节　埋藏物发现的价值意义

一、埋藏物的价值及其确定

埋藏物具有价值性。从狭义埋藏物的角度来考察,各国立法上的埋藏物发现制度,少有对埋藏物价值设有规定者,这与部分国家在规则中并未直接规定埋藏物的定义有关。《意大利民法典》与《瑞士民法典》则对此设有直接规定。《意大利民法典》认为埋藏物是“某一隐藏或者埋藏在地下的,任何人都无法证明自己是物品的所有人的、有价值的动产”,在埋藏物的定义中加入了价值性的限定。《瑞士民法典》第723条则规定,“长年埋藏地下且肯定已无所有人的有价物,被发现的为埋藏物”,也将埋藏物定义为有价物。从一般社会经验考察,埋藏物是必然具有价值的。正是在此意义上,徐国栋教授主张以“财宝”概念替代“埋藏物概念”,其在论著中所列明的无一不是具有高度经济价值的案例。② 可以说,价值性是埋藏物制度之所以仍为人重视的基础原因:由于一项经济价值巨大或足以吸引主体的有价之物,须发生价值的社会回复,并进行所

① 奚向鹏:《论我国发现埋藏物制度及改革》,大连海事大学2011年硕士学位论文,第43页。

② 徐国栋:《财宝概念研究两题》,载《现代法学》2017年第2期,第43~60页。

有权的重新分配,进而这项制度为人所关注。

而之所以在立法上呈现区别,争议的也正是小微价值的埋藏物是否通过该制度调整的问题。更何况,物之价值高低,随着社会经济的发展而有不同的观念,且埋藏物不能因价值低而不受法律调整,否则这些物的所有权就不明确,这显然有违确立埋藏物发现制度的目的。[①] 事实上,从广义埋藏物的角度来考察,除开在被埋藏或被隐藏上具有一致性,在埋藏的原因力包括人为与自然或社会事件上具有一致性之外,更为重要的特点就在于,这些埋藏物都具有特定的利益代表物的法律特征,都应当为法律所保护。也就是说,即便从广义上来看,各种不同类型的埋藏物都具有特定的价值,并代表着特定的利益。

埋藏物价值的确定,不仅仅在于肯认埋藏物的"有价值性",同时意味着在承认价值性的同时,在具体的价值内涵和价值成分上准确界定。这样的价值确定,与发现人和相关利益人权益的保护息息相关。通过埋藏物价值的确定,并精细化地剖析埋藏物的价值构成,其意义在于对埋藏物所代表的利益进行合理定位,并由此对这些利益进行准确的制度对应,以实现法律规则对埋藏物价值的有效利用,以及对所代表利益的有效保护。

首先,对一般埋藏物而言,一般来讲仅仅具有单一型价值,从价值成分上来讲并不复杂。一般埋藏物在社会生活中大量频繁出现,均属人类社会生活中常见的实物种类,因此,大多具有社会价值。此处的社会价值,应理解为"对社会所具有的价值",根据本书的分类,一般埋藏物属于利益物,因此,一般埋藏物总的说来是属于能够给发现人带来利益的物,进一步来说,也是根据其物本身的功用可以对这个社会起到一定作用的物,这样的物和其所承载的功能上的价值,体现为作为物的使用价值。一般埋藏物还具有经

---

① 常鹏翱:《论我国埋藏物发现制度的完善》,载《人民司法》2000年第6期。

济价值，所谓经济价值，是指该埋藏物对于人和社会在经济上的意义，也就是说当进入商品交换领域时，一般埋藏物的价值通常也表现为作为商品所具有的商品价值或交换价值。但是，发现一般埋藏物，通常是出于偶然，并且所谓一般埋藏物，也就排除了其作为文物、古生物化石等特殊埋藏物的可能性，加之其在社会生活中常见多见，故一般埋藏物从经济价值上来说，仅仅具有一般经济价值。

其次，特殊埋藏物在价值构成上则有不同，古生物化石、文物、矿产资源、自然资源等价值是复合型、非单一型的。以古生物化石为例，其价值构成可能包含社会价值、人类共同体价值、经济价值、历史价值、学术价值等。多种价值的叠加和融合，使特殊埋藏物具有较大的价值体量，由这些价值映射和代表的利益也呈现出多样性和复杂性，由此，在特殊埋藏物的归属层面则必然否定发现人个人对其进行所有权主张，因为这必然侵害其他社会成员、社会公众或者社会本身的利益，导致利益失衡。也因此决定了当发现人发现埋藏物属于特殊埋藏物时，处理规则的特殊性。

最后，价值也具有正反两个方面，包括积极价值与消极价值，例如，将利益型埋藏物与致害/违禁型埋藏物进行区隔，正是考虑到一般来讲利益型埋藏物具有积极价值，而致害/违禁型埋藏物具有消极价值。但是，这并不是绝对的，而是可以相互转化。

二、埋藏物的价值复归与发现人利益保障

社会的物质总量是恒定的，社会总体的资源或财富数量亦大致稳定，但人类的生存与发展所需要消耗的资源却是无穷无尽的，在社会资源总量稳定而人类社会生活消耗不能穷尽之间必然存在巨大的矛盾。这就要求人们在社会生产和生活中，要尽量提高每一个个体物的价值和效用，使其最大限度地发挥其应有的价值。我国《物权法》将“发挥物的效用”开宗明义地写在该法的第1

条,这正说明要将实现"物尽其用"作为物权法的重要功能和作用之一,鼓励权利人创造财富、积累财富,从而实现社会总财富的增值。埋藏物深埋于土地或其他包藏环境中,不易为外人所知晓、察觉,这是埋藏物的一大突出特点。正因如此,埋藏物作为具有价值或效用的"物",却因深埋于地下而使其价值和效用无法发挥。埋藏物发现人的发现行为,将埋藏物从埋藏环境中脱离出来,实现物的独立性,从而为支配该物、使用该物、发挥该物的价值和功效提供了可能性,从这个意义上来说,是发现人的发现行为实现了埋藏物的价值还原。也就是说,埋藏物价值还原,是指原先的埋藏或隐藏状态阻碍了埋藏物本身价值的发挥,使其处于一种价值封闭的状态。而埋藏物发现人的发现行为,使物重新回到可资利用的状态下,也使该物的价值状态重归完满。

因此,发现人的行为应在立法上获得相应的制度激励。而我国现行的关于埋藏物发现的立法规定,因意识形态的原因在立法设计上具有一定的落后性,可以说在"立法国家主义"的指导下,过分强调发现人个体对社会和国家的贡献,对发现人权益的关照并不到位,时至今日已经越来越不能适应社会生活的变化。在推行依法治国的当下,科学的立法是题中之意。"法治应包含两重意义:已成立的法律获得普遍的服从,而大家所服从的法律又应该本身是制订得良好的法律。"①同时,法治作为社会管理机制,是社会控制者通过法所进行的社会运作过程和社会组织形式。在法治状态中,法的规定是社会管理的根据和手段,法的实现是社会管理的目标和要求,法的实施是连接法的规定和法的实现的桥梁。② 建设法治社会是我们国家建设中国特色社会主义国家的一个突出目

① [古希腊]亚里士多德著:《政治学》,吴寿彭译,商务印书馆1965年版,第199页。

② 参见张文显主编:《法理学》(第三版),高等教育出版社2007年版,第396页。

标,而要实现法治社会的目标,其要旨不仅在于有法可依、有法必依,不再是仅仅满足于立法在量上的满足性,而是从质量上要求行为人所须服从的法律是制定良好的法律。

具体到埋藏物发现制度而言,现行法律虽然提供了制度条文供实践中采用,但其并不完备,例如,在“彭州乌木案”中,对乌木究竟属于什么类型从而到底适用何种规则存在立法漏洞,进一步而言,对于发现人权益的保障又在立法中被有意无意地忽视和遗漏。最终情况是,现行的法律制度对发现人苛加极重的道德负担,设置了较高的法律义务,而对发现人权益仅仅一笔带过或根本无暇顾及,发现人在发现埋藏物后,规则的指引作用使他们并不愿意将埋藏物送交相关部门,而这样的普遍心态覆盖了对一般民事埋藏物的发现和特殊埋藏物(如文物)的发现中,因为立法中并未对他们发现埋藏物所做的努力和付出适配相应的利益奖励规则。实际上便造成了有法不依,甚至反向促使了行为人铤而走险,故意违法甚至犯罪。

对发现人利益的保障在于恰当地协调发现人的权利与义务,特别是根据不同情况赋予发现人以所有权取得的权利、报酬请求的权利等,能够更好地促进发现人在保证自己利益实现的同时,保证发现的埋藏物能够很好地重归利用,实现社会财富增加和物尽其用。但需要指出的是,对发现人权益的保障,并非毫无边界和任意满足,亦应有所限制。也就是说,由于发现人的发现行为必然破坏包藏环境,则会影响他人的合法权益,在埋藏物处理过程中,既要立足于对发现人权益的保障,也要注意规则的指引作用。对发现人利益的限制,是通过对发现行为的限制实现的,也就是说,当发现行为不符合立法指向时,发现人的发现权益将受到限制甚至是禁止。例如,对一般埋藏物的发现“以偶然发现为主,计划发现为辅”,现实中为获取他人财物而故意并且未经同意发掘他人埋藏物,实际上构成了对他人所有权的故意侵害,此时,虽然行为人事实上发现了埋藏物，但发现人不仅不能享受发现人权益，还要承担相应的民事责任，甚至刑事责任。再如，发现人发现特殊埋藏物如文物等，将其据为己有，则发现人仍然不能取得发现人权益，也要承担相应责任。

三、埋藏物的积极利益价值与消极利益价值

埋藏物的价值，从对社会的效能与功用上来说，区别为积极利益价值与消极利益价值。从埋藏物类型大分类角度，分别对应"利益型埋藏物"和"致害/违禁型埋藏物"。长期以来，在对埋藏物制度进行讨论的时候，大多强调发现人对于埋藏物价值复归社会的重要作用，以此来赋予发现人以发现利益，从而在立法上确立发现人取得所有权。而这样的立法逻辑，在于将埋藏物发现客体局限在"利益物"的层面，过分重视具有一定经济价值的、对社会具有积极的作用与功能的埋藏物类型之上。但实际上，埋藏物的埋藏原因是多种多样的，既可以基于人力主动、刻意而为埋藏，也可以因为自然事件和社会事件而将本来独立存在的物，倾覆在土地或其他包藏物之中。因此，埋藏物的范围极其广大，可以说几乎所有的动产均能被埋藏或包藏，特别是被土地埋藏。也由此可知，被发现的埋藏物并非必然属于利益物，也就是说，当埋藏物被发现后，虽然该埋藏物作为物本身必然具有相应的价值要素，代表着相应的利益，但这样的利益与价值并不必然是积极的，亦有可能是消极的，对社会、环境甚至发现人本人是具有危害的。这类埋藏物则大多属于致害型埋藏物与违禁型埋藏物。

与此同时需要明确，埋藏物的积极利益价值与消极利益价值并非是绝对的，相反两者之间是可以相互转化的。首先，是积极利益价值向消极利益价值的转化。如某一埋藏物，被发现时本身只是属于人类社会生活中普遍出现的物品，即便可能仅具有微小的经济价值，但并不属于任何违禁型与致害型埋藏物。如果发现人

将其挖掘出来后，将之与其他物一起制作成冰毒，便实现了积极利益价值向消极利益价值的转化。其次，是消极利益价值向积极利益价值的转化。例如，某人在承包地内发现一埋藏物，是一袋包装完整的工程用炸药，属于易燃易爆物品，亦即属于致害型埋藏物，当发现人将其上交到有关部门并经确定无人主张所有权之后，该物则归为国有。此时，若当地政府刚好有一惠及民生的工程建设，需要适量工程用炸药进行定向爆破，此时再将该埋藏物用于爆破工程，且因其在专业人员的正确使用下，发挥了该物应有的价值，也就实现了消极价值向积极价值的转化。

也就是说，埋藏物价值虽有积极利益价值与消极利益价值之分，但这是从一般情况下进行的分类与定位。例如，某埋藏物属于利益物，是从一般情况而言，该物具有对发现人或社会的有用性和积极作用；某埋藏物系属致害物是从一般情况出发，认为该物从物质属性、作用机理等角度存在致人损害、环境损害与社会损害的可能性，而这种可能性转化为实在损害某些情况下甚至并不依赖于行为人的使用；而某物系属违禁物，则更能说明问题，即该物之所以违禁，并不意味着该物必然具有严重的致害致损功能，而是该物存在不当使用的风险，如不当使用武器可能造成人员伤亡等，法律为了规避这种风险，对其在法律上进行严格管控，此时的管控更大程度上是对使用行为的管控，而非对物的管控。因为人的行为的参与，即对物基于不同理由、不同情况下的使用，实现了埋藏物积极利益价值与消极利益价值的转化。

四、埋藏物的社会管理价值或管理人的价值

埋藏物的社会管理价值，也称为管理人的价值，亦即埋藏物在被发现后，对其进行正确、有效管理的必要性和积极作用。这实际上涉及埋藏物发现后，发现人或相关机关的“保护义务”问题。

消极埋藏物，大致包含致害型埋藏物与违禁型埋藏物两种。

从共性上来说，两种埋藏物都蕴含着巨大的致害可能性，包括对人体健康、身体完整、环境稳定与社会秩序的侵害。从区别上来说，有两个层面。第一，致害型埋藏物的致害可能性大多属于其自身物质属性或作用机理层面，例如，放射性物质，当脱离基本的防护设备或防护之时，则因其本身的物质特性，就会发生严重的致人或致环境损害的后果。在这个过程中，可能并不存在行为人的主观过错和行为的加入。违禁型埋藏物则不同，我国《刑法》和相关行政法律法规规制的违禁型埋藏物，内容大致包括枪支、弹药和毒品，枪支、弹药和毒品本身具有致害的可能性虽无疑义，但这类物品发挥致害性必然要求行为人主动行为的参与。例如，即使发现埋藏的枪支弹药，但发现后仍然属于静态，枪支弹药本身并不会直接发生危害后果。但如果行为人故意将其对人使用，则会造成严重的后果。再如毒品，毒品本身如果不经吸食，或者发现毒品者不将其运输、贩卖等，从致害角度看仍不足为虑。虽然此时持有该毒品的人已然可能触犯刑法的规定。第二，致害型埋藏物的致害偏重于对个体人、对自然环境的破坏，而违禁型埋藏物的致害则偏重于对社会秩序的破坏。

正如前文所言，虽然埋藏物的积极利益价值与消极利益价值会在一定条件下相互转化，但这一条件的成就并不容易。在发现人法律意识淡薄、知识文化水平有限、社会觉悟不高的情况下，可能该埋藏物在送交有关机关之前，就已然发生严重的致害后果。因此，对于埋藏物特别是消极埋藏物进行严格有效的管理与规制实属必要。此时，埋藏物的发现人或有关机关对埋藏物进行积极管理，便凝结着公民的生命财产安全的利益，凝结着自然环境和生态平衡的利益，也凝结着社会公共秩序以及生产生活秩序的稳定的利益。此时，发现人一方面是该埋藏物的发现人，另一方面也是该埋藏物事实上的管理者，管理人的价值在此时就体现在，通过自己合理有效的管理行为，使被发现的致害/违禁型埋藏物不至于因自己的不当管理,或者基于故意以及重大过失而发生实际的危害后果。

另外,埋藏物的管理人价值并不只是体现在对致害/违禁型埋藏物的管理上,对于利益物的管理,同样具有价值并代表着特定的社会利益。例如,2013 年 9 月,江西修水村村民梁财挖到疑似乌木,经过江西省野生动植物司法鉴定中心的鉴定,明确该木材为秋枫。据林业局林业工程师介绍,已经埋藏了至少 500 年以上的时间。因其可能的巨大经济价值,被认为是“天降横财”,附近的老百姓也纷纷赶来希望分一杯羹。村民们手执各种刀具,对该埋藏秋枫进行物理切割或剥皮,经过记者核实,村民们其实也并不知道剥皮或者割树之后是否有用,或者能否通过交易变为实际收益。① 由此可见,由于利益物的价值最直接的体现为经济价值,特别在于本身可能系属无主的自然世界出产物被发现后,容易激起人们对其经济价值的觊觎。埋藏物被发现这一行为本身,具有使埋藏物价值重归社会以供利用这一“价值复归”的重要意义,隐含的前提要素是该埋藏物的价值完整、有效、圆满地复归社会,从而实现社会资源总量和社会价值总量的增加。因此,对于利益物来说,发现人将之发现后,大多将埋藏物置于自身的占有之下,在事实上对其进行管理,或者将之上交到有关机关之后,由该机关行使管理人的职责。无论是发现人自己还是有关机关作为管理人,都有义务对该发现的埋藏物进行积极妥善管理,不因其他人的行为或自己的故意、重大过失而造成埋藏物价值的贬损,甚至是埋藏物本身的灭失。因此,也被称为发现人的“保护义务”,体现的是埋藏物发现后管理人的管理价值。

---

① 参见佚名:《江西村民挖出疑似乌木价值数亿官方称属于国家》,载扬子晚报网,http://www.yangtse.com/system/2013/09/14/018600886.shtml,2013 年 9 月 14 日访问。

第四章　埋藏物发现的限制与禁止

第一节　埋藏物发现的限制

一、对一般埋藏物发现的限制

一般埋藏物，在社会生活中广泛存在，涵盖各种各样的物件类型。对于一般埋藏物的限制，主要在于两个方面：

首先是限制在“偶然”发现层面，但这并非没有例外。准确说来，对于一般埋藏物的发现，以“偶然发现为主，计划发现为辅”。限制在偶然，或者说主要基于偶然发现，目的在于由此确定发现人此时的发现行为是善意的，亦即并非基于某种特别的目的甚至是违法犯罪的目的而为发现。例如，如果对于发现行为是否出于偶然或出于计划在所不问，则意味着存在未经包藏物所有人同意进行发现的可能性，容易构成盗掘、毁坏等非法行为，侵害包藏物所有人的所有权，并且无疑是鼓励人们去破坏包藏物，既不利于包藏物的安全，使“所有权不受侵犯”这一基本理念等同虚无，又不利于社会秩序的稳定。①本书认为，对于民事埋藏物亦即一般埋藏物的发现，当以偶然性作为限制或前提，这与埋藏物发现行为系属事实行为的制度定位也密切关联。特别是世界各国的立法实践，均将民事埋藏物的发现配置有“二分之一”规则，这里就必然牵涉发现人的所有权利益，而制度或者规则的指引作用可能发生不当的指引，规则设置必须考虑到与现实社会的适配性。当不当的规则设置引发不当的利益激励时，增加了行为人获取暴利或偶然利益的欲望，也正是这种不当刺激将“偶然化”的行为“常态化”，可能带来包藏物环境甚至更大范围内环境的破坏与损伤。故应当将发现限制在“偶然”层面，将经同意的计划性发掘作为例外。

其次是限制在公序良俗方面。公序良俗是公共秩序和善良风俗的简称，是民事行为所应遵循的一般性原则，可补充强行法的不足，有助于法之安全价值的实现。我国《民法总则》第 8 条明确规定：“民事主体从事民事活动，不得违反法律，不得违背公序良俗。”这又区分为两个层次：第一个层次是对发现行为本身而言，特别是在自己所有物中而为发现的，视为所有人行使所有权而对物进行的处分，只要不损害社会公益或他人的合法权益，则出于偶然或预定计划都不应受限制。第二个层次是在发现民事埋藏物的处理，即在所有权归属层面。如发现人类尸体或遗骸、盗掘所有人不明的现墓葬，均违背了公序良俗，发现人对这些埋藏物不能取得所有权。②

二、对特殊埋藏物发现的限制

（一）古生物化石

1. 内容上的限制

古生物化石是一个具有具体指称的专有名词，从字面上理解

① 参见常鹏翱：《论我国埋藏物发现制度的完善》，载《人民司法》2000 年第 6 期。

② 参见常鹏翱：《埋藏物发现的若干法律问题》，载《云南法学》1998 年第 2 期。

的某些可能属于古生物化石范围内的物并不属于古生物化石。《古生物化石保护条例》第2条规定：本条例所称古生物化石，是指地质历史时期形成并赋存于地层中的动物和植物的实体化石及其遗迹化石。古猿、古人类化石以及人类活动有关的第四纪古脊椎动物化石的保护依照国家文物保护的有关规定执行。也就是说，古猿、古人类化石以及人类活动有关的第四纪古脊椎动物化石在法律上被视为文物，由文物保护方面的相关法律对其进行保护。

2. 目的上的限制

《古生物化石保护条例》对古生物化石的发掘，设定了开掘目的上的限制。该条例第10条规定，因科学研究、教学、科学普及或者对古生物化石进行抢救性保护等需要，方可发掘古生物化石。因此，除该条列举之外的其他开掘目的，均得不到法律支持，须承担相应责任。《古生物化石保护条例》第16条规定了零星采集在目的上的限制，即即便是零星采集，其目的也限制在“科学研究、教学”等活动上。

3. 开掘主体上的限制

《古生物化石保护条例》第11条规定了申请发掘古生物化石的单位必须满足的条件。同时，根据该条推论也可知，对古生物化石的开掘主体一般限制在“单位”上。该条例第16条规定，零星采集的主体为“进行区域地质调查或者科学研究机构、高等院校等”。《古生物保护条例》第17条规定，外国人、外国组织进行发掘，必须基于“中外合作”的方式，并且基于“科学研究需要”。同时，《古生物化石保护条例实施办法》第20条规定，中外合作发掘古生物化石，发掘申请由中方化石发掘单位向国土资源部提出，发掘领队由中方人员担任，发掘的古生物化石归中方所有。

（二）文物

1. 对象上的限制

由于埋藏物发现对象须为动产，因此，埋藏物发现制度下所指称的文物,虽属于特殊埋藏物,但亦要满足埋藏物发现的基本属性。我国《文物保护法》将文物区别为不可移动文物与可移动文物,因此,埋藏物发现制度中特殊埋藏物类别下所指称的文物,应属于可移动文物的范围。

2. 所有权上的限制

虽然《文物保护法》第5条规定,中华人民共和国境内地下、内水和领海中遗存的一切文物,属于国家所有。但同时该法第6条规定,属于集体所有和私人所有的纪念建筑物、古建筑和祖传文物以及依法取得的其他文物,其所有权受法律保护。因此,当发现人在他人所有物内偶然发现文物时,若依据现有条件能够判明该文物属于某特定人的祖传文物或依法取得的其他文物,此时不发生所有权归国家的效果,而应由该特定人及其继承人取得。

3. 挖掘上的限制

《文物保护法》第27条规定:一切考古发掘工作,必须履行报批手续;从事考古发掘的单位,应当经国务院文物行政部门批准。因此,考古发掘必须取得许可,同时其发掘主体亦必须经过批准。并且,该条还有一重大的限制性规定,即"地下埋藏的文物,任何单位或者个人不得私自发掘"。

4. 文物发掘主体的资质限制

《文物保护法实施条例》第20条,明确了申请从事考古发掘的单位,取得考古发掘资质证书需要满足的条件。

5. 对工程建设的限制

因大型基本建设工程可能与文物的发掘保护发生冲突,因此,《文物保护法》在第三章"考古发掘"中,专门规定建设工程项目与文物发掘工作的协调。该法第29条规定:进行大型基本建设工程,建设单位应当事先报请省、自治区、直辖市人民政府文物行政部门组织从事考古发掘的单位在工程范围内有可能埋藏文物的地方进行考古调查、勘探。考古调查、勘探中发现文物的,由省、自治区、直辖市人民政府文物行政部门根据文物保护的要求会同建设单位共同商定保护措施；遇有重要发现的，由省、自治区、直辖市人民政府文物行政部门及时报国务院文物行政部门处理。第30条规定：需要配合建设工程进行的考古发掘工作，应当由省、自治区、直辖市文物行政部门在勘探工作的基础上提出发掘计划，报国务院文物行政部门批准。国务院文物行政部门在批准前，应当征求社会科学研究机构及其他科研机构和有关专家的意见。确因建设工期紧迫或者有自然破坏危险，对古文化遗址、古墓葬急需进行抢救发掘的，由省、自治区、直辖市人民政府文物行政部门组织发掘，并同时补办审批手续。第31条规定，凡因进行基本建设和生产建设需要的考古调查、勘探、发掘，所需费用由建设单位列入建设工程预算。《文物保护法实施条例》第23条还规定，建设单位对配合建设工程进行的考古调查、勘探、发掘，应当予以协助，不得妨碍考古调查、勘探、发掘。

6. 对外国人的限制

《文物保护法》第33条规定，非经国务院文物行政部门报国务院特别许可，任何外国人或者外国团体不得在中华人民共和国境内进行考古调查、勘探、发掘。

（三）矿产资源

1. 主体上的限制

《矿产资源法》第3条规定，从事矿产资源勘查和开采的，必须符合规定的资质条件。第4条规定：国家保障依法设立的矿山企业开采矿产资源的合法权益。国有矿山企业是开采矿产资源的主体。第15条规定：设立矿山企业，必须符合国家规定的资质条件，并依照法律和国家有关规定，由审批机关对其矿区范围、矿山设计或者开采方案、生产技术条件、安全措施和环境保护措施等进行审查；审查合格的，方予批准。《矿产资源法实施细则》第11条规定了开办国有矿山企业，除应当具备有关法律、法规规定的条件外,还应当具备的具体条件。《矿产资源法》还规定了集体矿山企业和个体采矿,第 35 条规定:国家对集体矿山企业和个体采矿实行积极扶持、合理规划、正确引导、加强管理的方针,鼓励集体矿山企业开采国家指定范围内的矿产资源,允许个人采挖零星分散资源和只能用作普通建筑材料的砂、石、黏土以及为生活自用采挖少量矿产。矿产储量规模适宜由矿山企业开采的矿产资源、国家规定实行保护性开采的特定矿种和国家规定禁止个人开采的其他矿产资源,个人不得开采。《矿产资源法实施细则》第 13 条,规定了申请开办集体所有制矿山企业或者私营矿山企业除应当具备的有关法律、法规规定的条件之外,还应当具备的具体条件。该细则第 14 条规定了申请个体采矿应当具备的具体条件。

2. 权利取得与行使上的限制

《矿产资源法》第 5 条规定:国家实行探矿权、采矿权有偿取得的制度;开采矿产资源,必须按照国家有关规定缴纳资源税和资源补偿费。第 6 条则规定,除按下列规定可以转让外,探矿权、采矿权不得转让:(1)探矿权人有权在划定的勘查作业区内进行规定的勘查作业,有权优先取得勘查作业区内矿产资源的采矿权。探矿权人在完成规定的最低勘查投入后,经依法批准,可以将探矿权转让他人。(2)已取得采矿权的矿山企业,因企业合并、分立,与他人合资、合作经营,或者因企业资产出售以及有其他变更企业资产产权的情形而需要变更采矿权主体的,经依法批准可以将采矿权转让他人采矿。该法第 6 条还规定,禁止将探矿权、采矿权倒卖牟利。

3. 对开采地点的限制

《矿产资源法》第 20 条规定,非经国务院授权的有关主管部门同意,不得在下列地区开采矿产资源:(1)港口、机场、国防工程设施圈定地区以内;(2)重要工业区、大型水利工程设施、城镇市政工程设施附近一定距离以内;(3)铁路、重要公路两侧一定距离以内;(4)重要河流、堤坝两侧一定距离以内;(5)国家划定的自然保护区、重要风景区,国家重点保护的不能移动的历史文物和名胜古迹所在地;(6)国家规定不得开采矿产资源的其他地区。

4. 采矿的法律限制

《矿产资源法》第31条和第32条规定,开采矿产资源,必须遵守国家劳动安全卫生规定,具备保障安全生产的必要条件,还必须遵守有关环境保护的法律规定,防止污染环境。

第二节　埋藏物发现的禁止

一、埋藏物发现的首要禁止:不得私自探寻及挖掘

虽然埋藏物发现将埋藏物重归利用,实现了埋藏物的价值还原,但埋藏物的发现,是一个将埋藏物脱离埋藏物环境或包藏物的过程,而要使之脱离必然要对埋藏物环境或包藏物进行破坏。由于不同的包藏物有不同的物质状态和特性,在将埋藏物独立出来之时,不一定能使包藏物或埋藏物环境恢复原始的完满状态,这也涉及包藏物所有权人和相关权利人的利益。因此,埋藏物发现制度虽然最终是要鼓励物尽其用,鼓励埋藏物发现,但同时也要保证埋藏物制度的合理使用,保证埋藏物发现秩序的稳定。因此需要对一些埋藏物发现设置禁止条件,首要的禁止条件即是不得私自探寻埋藏物及挖掘埋藏物。

在此首先要明确的是,禁止私自探寻及发掘埋藏物并非完全排除出于预定计划的埋藏物发现,对于一般埋藏物的发现虽重在偶然发现,但在一定条件下仍然允许出于预定计划的发现。因此,此时的“私自”侧重强调恶意的、未经相关权利人同意的探寻和挖掘,甚至是盗挖盗掘。

偶然发现埋藏物,主要是因为其他先前的且通常是合法的行为,如受雇在他人所有的土地上打井、打地基等行为,在工作过程

中偶然地发现被埋藏的物件。此时发现该埋藏的物件并非系属受雇之事，而是在此之外。因此，行为人此时并无“私自”的主观意思，也无“私自”的客观行为，偶然性地因将埋藏物价值重归而被赋予了发现人利益，从而享有物法上的法律利益。对于在他人所有物中出于预定计划而为发现而言，则区分为是否经过包藏物权利人同意。如果经过包藏物权利人同意，实际上此时发现人与包藏物权利人在目的意思上达成一致，即找寻挖掘埋藏物。此时，也排除了发现人私自发掘的可能性。与此同时，如果行为人未经包藏物权利人同意而为探寻或发掘，则必然属于“私自”无疑，也必然属于盗挖盗掘，将极大地危害埋藏物的稳定，也将造成他人财物的损失与权益的损害。法律对此是持否定态度的，应当坚决禁止。

二、禁止探寻和挖掘特殊价值的埋藏物

有特殊价值的埋藏物，主要是指具有重大的经济价值，并且在价值构成上叠加了其他艺术价值、历史价值、文化价值、社会价值等，而使价值呈现复合性的埋藏物类型，在我国主要包括文物、古生物化石、矿产资源等。它们与一般民事埋藏物的区别：一是在于价值构成上的差异，特殊埋藏物具有复合性，一般埋藏物具有单一性；二是特殊埋藏物一般由特别法进行调整，一般埋藏物由民法调整；三是对特殊埋藏物的发现一般基于意思表示，即对特殊埋藏物的探寻与挖掘通常属于一种权利，而一般埋藏物的发现系属事实行为。

由于特殊埋藏物特有的价值构成，通常能在进入交易市场（包括非法的交易市场）后获取较高的利润，不少人罔顾法律私自探寻和挖掘具有特殊价值的埋藏物，这在文物盗挖盗掘上体现得至为明显。对此，国家法律多设有明文规定，甚至对某些行为设置有刑事责任的相关规定。

文物虽可能由于发现人的偶然行为而被发现，但《文物保护法》第27条亦有明文规定，“地下埋藏的文物，任何单位或者个人

都不得私自发掘”,这是考虑到保证地下埋藏文物可能具有极其重大的历史和科研等价值,为保证其完整和科学发掘而作的规定。同时大规模的文物考古发掘均需满足一定的条件,取得行政许可之后才能进行发掘。因此,文物的探寻和发掘在此情况下,也是属于一种法律行为层面的权利。古生物化石的发掘必须满足科学研究、教学、科学普及或者对古生物化石进行抢救性保护等需要的目的限制,同时将发掘主体限定在单位,并要满足法律规定的一系列条件。矿产资源立法一直处于我国立法保护的高位,这与矿产资源可转化为能源,凝结着人类共同体的发展利益有关。我国在《矿产资源法》和《矿产资源法实施细则》中,将对矿产资源的探寻和对矿产资源的开采分别设置为两种独立的法律权利,即探矿权和采矿权。因此,如果并未依照相关的法律规定和条件取得该两项权利,私自探寻和开采矿产可能涉及违法甚至犯罪。

三、禁止发现和挖掘致害/违禁型埋藏物

致害/违禁型埋藏物,系与“利益物”对应的埋藏物类型,其多代表一种具有消极价值的埋藏物类型。致害型埋藏物,包括易燃易爆、有毒等危险品,存在严重危害人体健康、危害环境安全与生态完善的可能性,从而需要法律对其严格管理和控制。违禁型埋藏物包括枪支、弹药和毒品等刑法上禁止行为人所有、持有、占有的物品类型,如果行为人因故意或重大过失使用不当,可能造成社会秩序和公共安全的严重危害,也要求法律对其严密控制。因此,当行为人偶然发现这类埋藏物时,应当立即报告和上交给有关部门,以实现国家对这类埋藏物的管理。进一步来讲,当行为人可能知道致害/违禁型埋藏物的埋藏所在而主动对其进行发现和挖掘时,应当严格禁止,以防止出现危害人体完整和健康、危害生态环境和社会秩序、公共安全的事件发生。

第五章　埋藏物发现后的归属判断原则

第一节　民法上埋藏物发现后归属的理论学说

一、古代立法中的归属学说

中国古代虽“民刑不分”且“重刑轻民”，但仍可在一些朝代的民事立法中见到对埋藏物发现的规定，并将之作为动产所有权取得的方式之一。

汉代就将发现埋藏物作为所有权原始取得方式的一种，在法律中规定，在无主荒地中发现的埋藏物归发现人所有。汉代“有价值的物品长久埋藏于地下，经发现后，发现者取得其全部或一部分所有权，这也是汉代所有权取得的一种方法”。例如，“河南平阴庞俭，本魏郡邺人，遭仓卒之世……流转客居庐里中，凿井，得钱千余万，遂温富。……时人为之语曰：‘庐里诸庞，凿井得铜’（《艺文类聚》《太平御览》引自《风俗通义》)，庞俭因挖井从地下挖的埋藏钱千余万元，全部归自己，正是因发现埋藏物而取得所有权"。[①] 如果是在有主地内发现埋藏物，有关其归属的具体条文已经佚失。但根据史籍的若干记载可以推证，在有主地内发现埋藏物，归土地所有人所有。以此推之，土地、房屋的所有人在自己土地、房屋中发现埋藏物，则拥有完全的所有权。此规定为晋代所沿袭。[②]

唐朝将埋藏物称为"宿藏物"，唐律中对其所有权作了明确的规定。唐《杂令》规定，在他人地内发现宿藏物，"合与地主中分"，发现人与土地所有人各得二分之一。如土地所有人在其土地中发现宿藏物，自然获得该宿藏物所有权。[③]《唐律疏议·杂律二》规定，"诸于他人地内得宿藏物，隐而不送者，计合还主之分，坐赃论减三等"。疏议曰："谓凡人于他人地内得宿藏物者，依令合与地主中分。若有隐而不送，计应合还主之分。'坐赃论减三等'，罪止徒一年半。"可见，唐律中对发现宿藏物的处理方式，采发现人有限取得所有权主义。同时注云，"若得古器形制异，而不送官者"，是指如果发现的埋藏物属于古器、钟鼎之类形制与常相异的物件，依令应送官而"酬直"，即获取报酬奖励。如果隐而不送，则"即准所得之器，坐赃论减三等"。唐律中还以问答的方式对埋藏物发现后在特殊的"埋藏物环境"等情况下的处理作出了规定。"问曰：官田宅，私家借得，令人佃食；或曰私田宅，有人借得，亦令人佃作，人于中得宿藏，各合若为分财？答曰：藏在地中，非可预

---

① 孔庆明等著：《中国民法史》，吉林人民出版社1996年版，第125页。

② 叶孝信著：《中国民法史》，上海人民出版社1993年版，第125~126页。转引自荣荣：《埋藏物发现制度的法律问题研究》，复旦大学2007年硕士学位论文，第21页。

③ [日]仁井田升著：《唐令拾遗》，东方文化学院东京研究所刊2006年版，第791页。转引自荣荣：《埋藏物发现制度的法律问题研究》，复旦大学2007年硕士学位论文，第21页。

见,其借得官田宅者,以见住、见佃人为主,若作人及耕犁人得者,合与佃住之人中分。其私田宅,各有本主,借者不施功力,而作人得者,合与本主中分。借得之人,既非本主,又不施功,不合得分。"可见,当埋藏物发现的地方属于不同的埋藏物包藏环境时,有不同的处理方法。首先,在官田中发现,则以现在的租借人(承租人)、佃人为主人,对埋藏物不与官家中分,而是与现住、现佃主中分。这是考虑到一般官田宅都没有官府的功力,或自然存在或没收,即交给私人管营。其次,对于私人田宅中发现,则不管怎么转让,都由发现人与原主人中分。①

北宋《宋刑统·杂律·地内得宿藏物》的相关规定与唐代的相关规定类同,在民事法律关系上对地主与施功力者各有所照顾。在南宋亦有所沿袭,《庆元条法事实》卷十八载:"诸官地内得宿藏物者,听收。若他人地内得者,与地主中分之。即器物形制有异者,悉送官酬其直。"②

元代承前朝旧制,《大元通制·禁令门》规定:"诸锄获宿藏之物,在他人地内者,得与地主中分;在官地内者,一半纳官;在己地内者,即同业主。"③故元代法律对处理地下宿藏物的基本原则是:在自家土地中挖掘出的金银财物,归自己所有;在国家或别人土地(包括租佃别人的)中挖掘出的金银财物,由地主与发掘人均分;发掘出的古文物交国家,国家给予适当价偿。至元十三年闰三月,中书户部呈:"王拜驴等于贺二地内掘得埋藏之物,拟令得物之人与地主停分。今后若有于官地内掘得埋藏之物,于所得物内一半没官,一半付得物之人。于他人地内得物者,依上与地主停分。若租佃官私田宅者。例同业主。如得古器物珍宝奇异之物,随即申官

① 孔庆明等著:《中国民法史》,吉林人民出版社1996年版,第250页。

② 孔庆明等著:《中国民法史》,吉林人民出版社1996年版,第430页。

③ 潘维和著:《中国民事法史》,汉林出版社1982年版,第364页。

进献,约量给价。如有诈伪隐匿其物,全追没官,更行断罪。"都省准拟。至元二十九年三月,中书省刑部呈:"山东宣慰司解纳到莱芜县潘西驴等打墙掘出银子内一半没官银五斤七两。本部参详:即系本人自己地内宿藏之物,拟合回付原主。"都省准拟。元贞元年闰四月,中书省刑部呈:"大都路杨马儿告,于梁大地内与杨黑厮咆土作耍,马少嘲出青磁罐一个,于内不知何物,令杨黑厮坐着,罐上盖砖看守。马儿唤到母阿张将罐刨出,觑得银四定,银盏一个,私下不敢隐藏。本部议得:杨马儿于梁大地内刨出课银四定,银盏儿一个,拟合依例与地主梁大中分。却缘杨黑厮曾经看守,量与本人银三十两,余数杨马儿与地主两停分张。"都省准拟。①

明清律对此有了新的变化。明清律与唐宋律相较,不仅在名称上改宿藏物为埋藏物,其取得埋藏物之所有权所设之限制亦较宽,惟唐令有埋藏物酬其之规定,而明清律则无之。② 明律规定发现埋藏物的所有权一般归发现者,但若系应禁之物,须报送归官。"若于官私地内者,掘得埋藏之物者,并听收用;若有古器钟鼎、符印异常之物,非民间所宜有者,限三十日送官(无酬其值),违者杖八十,其物入官。"(《明律·户婚·债门》)埋藏物由掘得者收用,改变了唐宋法律与地主均分的规定。③ 清朝与明代相同,发现埋藏物,所有权一般归发现者,但若系应禁之物,须送归国有。《大清律例》于户律中户役卷拾得遗失物条例之后亦规定:"若于官私地内,掘得埋藏之物者,并听收用;若有古器钟鼎、符印异常之物,非民间所宜有者,限三十日送官,违者其物入官。"④此系保存国家、民族有关古物、古迹或供学术、艺术、考古、历史研究者,采行公

---

① 孔庆明等著:《中国民法史》,吉林人民出版社1996年版,第468~469页。

② 潘维和著:《中国民事法史》,汉林出版社1982年版,第364页。

③ 孔庆明等著:《中国民法史》,吉林人民出版社1996年版,第530页。

④ 孔庆明等著:《中国民法史》,吉林人民出版社1996年版,第600~601页。

有主义。[①] 也就是说，在明清的立法中，即便是在私人所有的土地内发现埋藏物，发现人也可以获得全部所有权，无需与地主平分。

清末修法以及民国初期对于埋藏物发现制度的立法实践，试图回归到传统的唐宋为代表的立法模式中来。《大清民律草案》第1034条规定："发现埋藏物而占有之人，依特别法令所定，取得其所有权。但埋藏物系在他人所有物中者，其所有权人取得埋藏物之半。"[②]《民国民律草案》第821条作了相同规定，并加一款作为补充："足供学术、技艺或考古资料之埋藏物，而不知其所有者，以其物归属国库。但发现者及土地所有者，得受相当之金额。"[③]虽然这两个草案在当时都未能施行，但此种立法例被我国台湾地区"民法"继承。

综上所述，我国古代历史上对埋藏物发现制度的规定，在不同的历史时期具有不同的特点，但在变化中又有一定的稳定性。即体现出"总体曲折、局部统一"的特点。从汉代到清末民初，可分为三个重要的历史阶段。首先，从汉代到元代，主要采发现人取得所有权主义，可根据不同情况在注重发现人权益的同时，也兼顾埋藏物环境权利人的权益；明清时期，则对发现人权益殊为重视，发现人一般可全部取得埋藏物所有权；明末清初的民事立法，虽大多是草案规定且并未施行，但在立法思路上向唐宋传统回归，并与世界范围内的立法主流趋同。除此之外，我国古代对埋藏物发现的制度安排上，还存在两个特点：一是对一般财物和古文物或"形制有异"者区分立法，配置不同的规则；二是规定了较为严厉的刑事惩罚措施，这也体现了我国古代立法中"民刑不分"的特点。

---

① 潘维和著：《中国民事法史》，汉林出版社1982年版，第364页。

② 《大清民律草案·民国民律草案》，杨立新点校，吉林人民出版社2002年版，第136页。

③ 《大清民律草案·民国民律草案》，杨立新点校，吉林人民出版社2002年版，第314页。

二、发现人取得所有权主义

发现人取得所有权主义,包括发现人先占自由主义和发现人所有权有限取得主义。该两种不同的所有权归属学说具有历史传承性,后者是前者的发展延伸。

在罗马法的历史进程中,取得埋藏物曾受不同规范的调整。① 埋藏物的分配在罗马法上是被作为法定取得的一种,即其属于纯因法律的特别规定而直接取得所有权的方法,不以所有人的同意为要件,也不须另办所有权转移的手续。② 罗马法是将埋藏物作为土地的附属物对待,法律上作了特殊的处理,规定其不适用先占的原则。罗马法最初规定埋藏物归土地所有人所有。因为古时财产为家族共有,买卖流通的情况很少,地下埋藏物被认为是祖先埋藏的,所以这样的规定是切合实际的。到共和国末叶帝政初期,土地买卖多了起来,一地往往数易其主,埋藏物就不能认为是最后的土地所有人的祖先埋藏的了。同时,不给发现者以适当的利益,也不利于发掘宝藏。故哈德里亚努斯帝时正式规定:在自己土地上发现的埋藏物完全归自己所有;在他人土地上发现,或土地所有人又不明的,则全部归发现人所有;后来马尔库斯·奥勒利乌斯帝改为半数归国库。③《尤利法》将无继承人的遗产转归国库所有,由此导致国库的奢望在这个问题上也产生了影响。优士丁尼法的制度以哈德良的一项谕令为基础,拜占庭皇帝利奥重新确定了这项谕令。“如果埋藏物是在他人土地中发现的,发现者将取得一半,另一半归土地所有主所有。只有当不是在私人土地中而是在公共土

① 参见[意]彼德罗·彭梵得著:《罗马法教科书》,黄风译,中国政法大学出版社 2005 年版,第 153 页。

② 参见周枏著:《罗马法原论》,商务印书馆 2009 年版,第 361 页。

③ 参见周枏著:《罗马法原论》,商务印书馆 2009 年版,第 362 页。

地中发现埋藏物时,国库才取得一半。”①同时,埋藏物只能是无意中偶然发现的,除永租人、地上权人、用益权人外,非经所有人同意,不能任意在他人土地上挖掘搜索,否则就是侵犯他人的所有权。君士坦丁一世时规定,无论在自己或他人土地上发现埋藏物,发现者均应向国库申报,由国库以埋藏物的二分之一作为奖励。如隐匿不报,一经查出,便没收归公。特奥多西乌斯一世将发现者的奖励改为四分之一。崔诺帝又恢复了哈帝的规定。优帝一世时,继续遵行。② 因此,于埋藏物发现问题上,哈德里亚努斯帝时期确立的规则成为罗马法有关埋藏物发现问题的基本规定。总结起来即:首先,于自己土地上发现的埋藏物完全归发现人自己所有。其次,于他人土地上发现的埋藏物,由发现人与土地所有人各取得埋藏物二分之一所有权。但发现人蓄意于他人土地上发现埋藏物者,发现之埋藏物所有权全部归由土地所有人享有。最后,于皇室土地上所发现的埋藏物,其所有权一半归发现人,一半归皇室。③

“因而在埋藏物问题上存在着两种取得:发现者因先占或更准确说因发现而实现的取得和土地所有主的法定取得,后一种取得只不过是整个添附的一半。在他人土地中发现埋藏物的人,只是当他偶然发现该物时,才按他应得的份额取得埋藏物。”④也就是说,发现人发现埋藏物后,可全部或部分取得该物的所有权,区别仅在于该埋藏物是在发现人自己土地上还是在他人土地上。此

① [意]彼德罗·彭梵得著:《罗马法教科书》,黄风译,中国政法大学出版社2005年版,第153页。

② 参见周枏著:《罗马法原论》,商务印书馆2009年版,第362页。

③ 参见江平、米健著:《罗马法基础》,中国政法大学出版社1991年版,第146页。转引自陈华彬:《埋藏物发现的若干问题》,载《法学研究》1995年第3期。

④ [意]彼德罗·彭梵得著:《罗马法教科书》,黄风译,中国政法大学出版社2005年版,第153页。

时,就发现人得到的全部或部分份额而言,是基于“先占”或曰“发现”。“罗马人提起石头、宝石和一切在海岸发现的、不属土地组成部分的物品(无论是私人的,还是公共的)。在这种情况下,仅仅发现本身(不是实际获取)就产生取得,它恰恰被成为‘发现’(inventio)”。① 因此,发现人本人所取得的发现份额,特别是在全部在自己土地中发现而全部取得的场合,其取得完整的所有权,不受其他因素的影响,仅因发现行为本身而取得,故属于“先占自由主义”的所有权取得。土地所有主的部分则来自法律的直接规定,且最多只有一半份额,属于法定取得。

近现代大陆法系国家和地区,大多在其法律中确定了发现人对埋藏物的有限取得主义。如法国、德国、日本、意大利等国家及中国台湾地区均设类似规则,但又各具特色,有所区别。

法国关于埋藏物的发现问题,由其民法典予以调整,规定在该法典第3卷“取得财产的各种方法”中。《法国民法典》第716条规定,埋藏物的所有权,属于在自己土地内发现之人;如埋藏物发现于他人土地内时,其半数属于发现人,半数属于土地所有人。一切埋藏或隐匿的物件,任何人不能证明其所有权,且其发现纯出偶然者,称为埋藏物。法国民法关于埋藏物的规定,在内容上完全继受了罗马法的相关规定。② 在第2款对于埋藏物作了明确的定义,并将其限定在“偶然发现”这一特点上。另外,从第716条第1款进行解释可以发现,“埋藏物的所有权,属于在自己土地内发现之人”的规定,可看作当埋藏物被不动产的所有人自行发现时,并非作为埋藏物发现而对待,而是将该埋藏物作为添附而属于该不动产所有人所有。③ 而在前述彼德罗·彭梵得的《罗马法教科书》中,将

① [意]彼德罗·彭梵得著:《罗马法教科书》,黄风译,中国政法大学出版社2005年版,第152页。

② 参见陈华彬:《埋藏物发现的若干问题》,载《法学研究》1995年第3期。

③ 参见尹田著:《法国物权法》,法律出版社1998年版,第227页。

这种情况下发现人的全部所有权取得看做是先占或发现的结果,这与法国现行立法将之作为不动产的添附而为使用的制度内涵有所区别。虽从法律归属效果上来看,法国现行规定与罗马法的规则并无区别,但从这个意义上来讲,尚不能称法国的规定是完全继受于罗马法。

日本也在其民法中确立了发现人有限取得主义。"日本现行民法有关埋藏物发现问题的法律规定,系仿效《法国民法典》第716条。因此,其内容与《法国民法典》第716条的规定几乎完全一致。"①日本民法关于埋藏物的发现,规定在《日本民法典》"物权编"之"所有权的取得"一节中。《日本民法典》第241条规定,"关于埋藏物,依特别法规定进行公告后6个月内,其所有人不明时,发现者取得所有权。但是,于他人物内发现埋藏物,发现人与其物所有人折半取得所有权"。将其与法国民法的规定相比较,可知在他人物(土地)中发现埋藏物的所有权归属规则是一致的,即与物之所有人各占一半。但在发现人取得完全所有权的情形下,乍看似乎规定相似,实则却有区别。日本民法中发现人取得完全所有权的情形之前提是"依特别法规定进行公告六个月内,其所有人不明时",而法国民法的相关规定则是"埋藏物的所有权,属于在自己土地内发现之人"。也就是说,在日本,除在他人物中发现各取一半的情形,发现埋藏物尚存在两种情况,即在自己物中和在无主物中发现。首先,在自己物中发现,无论处于偶然还是预定计划,均属于对自己所有物的使用,将埋藏物作为物的添附或一部分直接归属于物的所有人即发现人自己,当无疑义,与法国民法上的规定亦属一致。其次,在无主物中发现埋藏物或隐藏物,当属于《日本民法典》中公告后所有人不明时发现人方可取得所有权的情形。而此种情况在法国民法中不存在,因为法国民法将发现埋藏

① 陈华彬:《埋藏物发现的若干问题》,载《法学研究》1995年第3期。

物的环境固定为“土地”。

日本关于埋藏物的发现问题，除了在民法中作出基本的法律规定之外，其他事项还准用《日本遗失物法》的规定，实行双轨制调整主义。《日本遗失物法》公布于1899年3月24日，同年4月13日施行。至1995年止，已经过五次修正。[①] 现行《日本遗失物法》颁布于2006年6月15日（日本平成十八年），对明治三十二年的遗失物法作了全面修改。该法第1条规定立法旨趣，“为确定有关遗失物、埋藏物及其他占有脱离物的拾得及返还的手续等处置措施的必要事项，制定本法”。[②] 由此，关于埋藏物发现后的处置程序、埋藏物发现人权利的放弃与丧失，发现人之报酬请求权等事项，均可准用本法。另外，“按照日本昭和25年颁行的文化财产保护法第2条规定，于埋藏物系‘文化财产’，且其所有人不能判明时，该埋藏物文化财产之所有权将归属于国家享有。在此场合，文化财产保护委员会将通告发现人及发现所在地的土地所有人，对其给付相当于埋藏物价格的报偿金。在发现人与土地所有人非属于同一人时，发现人与土地所有人各取得报偿之一半”。[③]

关于埋藏物发现制度，在德国古代法与德国现代法中有不同的规定。在德国古代法中，奉行发现埋藏物的“公有主义”，即埋藏物发现后的处理并不赋予发现人以所有权利益，即并非属于发现人所有，而属国王或者诸侯所有。[④] 德国现代民法完全抛弃了古代德国法上的做法，而转向罗马法的相关规定，予以继受和发展。依照现行《德国民法典》第984条规定，“发现因长期埋藏而不能查明其所有权人的物（宝藏），并因发现而占有该物时，其所有权的一半归属于发现人，另一半归属于宝藏埋藏所在的物的所有权人”。德

① 参见陈华彬：《埋藏物发现的若干问题》，载《法学研究》1995年第3期。

② 许长帅译：《日本遗失物法》，载《环球法律评论》2009年第2期。

③ 陈华彬：《埋藏物发现的若干问题》，载《法学研究》1995年第3期。

④ 参见史尚宽著：《物权法论》，中国政法大学出版社2000年版，第137页。

国现行埋藏物发现制度仍然奉行发现人有限取得所有权主义，但与罗马法、法国法等相比，在规则上具有以下两个特点：第一，埋藏物的认定须以长期埋藏为前提。第二，德国民法上发现人取得埋藏物的所有权，不仅需要有发现事实，而且尚需要有发现的结果即实际占有埋藏物的事实。但在罗马法、法国民法、日本民法中，均仅以发现人具有发现这一事实本身即为已足。

《意大利民法典》是典型的继受于罗马法的大陆法系民法典，其亦设有埋藏物发现制度的相关规定与条款，该法典第 932 条正是对埋藏物发现制度的规定，且亦属于典型的发现人有限取得所有权主义。第 932 条第 1 款对埋藏物作了定义，并在第 2 款规定，“埋藏物的所有权属于在自己土地内发现物品的人。在他人土地内偶然发现的埋藏物的所有权，一半属于土地的所有人，另一半属于发现人。以上规定准用于在他人动产中发现埋藏物的情况”。从该条可见其与罗马法的相关规则并无二致，且对比法国民法多了准用条款，将其适用范围扩大到动产中发现埋藏物的情形。同时该条第 3 款规定，“具有历史、考古、古代人类学、古代生物学以及美术价值的埋藏物的发现应当遵守特别法的规定”。

我国台湾地区“民法”上关于埋藏物的发现，规定在民法典第三编“物权编”第二章“所有权”第三节“动产所有权”中，“关于埋藏物的归属，系以发现人取得所有权为原则（第 808 条本文），以共有为例外（第 808 条但书）”。[①] 第 808 条规定，“发见埋藏物而占有者，取得其所有权。但埋藏物系在他人所有之动产或不动产中发见者，该动产或不动产之所有人与发见人，各取得埋藏物之半”。史尚宽先生认为，“所谓各取得埋藏物之半，谓应由所有人与发现人平分，若其物难以分割，则由发现人与物主共有之（德国民法规

① 王泽鉴著：《民法物权. 第 1 册：通则、所有权》，中国政法大学出版社 2001 年版，第 292 页。

定其所有权一半属于包藏物所有人,一半属于发现人,应解释各以二分之一之应由部分共有埋藏物)"。[①]"至归由其中一人取得埋藏物全部,而补偿未取得人之半数价款者,自无不可,因此,乃共有物分割方法之问题。又须与发现人平分者,仅限于包藏物之所有人,其他物权人或债权人均无此项权利,无权占有人则无论矣。何人为包藏物之所有人,在不动产以登记为准,动产则以占有者为准。埋藏物如在不动产之疆界上发见者,则由相关不动产之所有人平均分得所有人所能取得之一半。"[②]另外,根据该法第809条规定,"发见之埋藏物足供学术、艺术、考古或历史之资料者,其所有权之归属,依特别法之规定"。"与此场合,发现人负有报告责任,并有权获得相当奖金。"[③]所谓"特别法",如"文化资产保存法"第3条、第17条等,"国有"财产被埋藏沉没者,其掘发打捞,"'国有'财产法"第72条设有规定,可资参照。[④]由此可见,我国台湾地区"民法"承认发现人有限取得埋藏物所有权,与罗马法、德国法、法国法及日本法均相同。但对某些足供学术、艺术、考古或历史资料使用之特殊埋藏物实行公有主义上又区别于罗马法、法国法与德国法,而与日本法相同。[⑤]这一点亦与意大利民法相同。

发现人有限取得埋藏物所有权主义,在罗马法等承认发现人有限取得埋藏物所有权立法下,恰当地考量了人的思想意识的觉悟程度和水平,并基于此而对人的行为提出了适宜的要求。[⑥]

① 史尚宽著:《物权法论》,中国政法大学出版社2000年版,第140页。

② 谢在全著:《民法物权论》(上册),中国政法大学出版社2011年版,第302~303页。

③ 史尚宽著:《物权法论》,中国政法大学出版社2000年版,第140页。

④ 参见王泽鉴著:《民法物权》,北京大学出版社2009年版,第197页。

⑤ 参见陈华彬著:《埋藏物发现的若干问题》,载《法学研究》1995年第3期。

⑥ 参见陈华彬著:《埋藏物发现的若干问题》,载《法学研究》1995年第3期。

三、发现人请求报酬主义

在大陆法系民事立法中，大多数具有代表性的国家如德国、法国、日本、意大利，以及我国台湾地区等，虽具体规定各具特色或略有偏差，但总体上都确定了“发现人有限取得所有权主义”。但瑞士民法在埋藏物发现制度上采取了一种特殊的立法主义，即“发现人取得报酬主义”，或曰“发现人请求报酬主义”。

《瑞士民法典》第723条规定：(1)长年埋藏地下，且肯定已无所有人的有价物，被发现的，为埋藏物；(2)埋藏物归发现地点的土地或动产所有人所有，但不妨碍关于科学价值极高的物的规定；(3)埋藏物的发现人，有请求相当报酬的权利，但报酬不得超过埋藏物本身价值的半数。

《瑞士民法典》规定的发现人请求报酬权主义，具有以下几个特点：

第一，所有权归属主体的一元化，即埋藏物的所有权归属于发现地点的土地或动产所有人所有。发现人并不能在所有权归属上请求份额，即所有权归属主体不会出现多元化。

第二，发现人享有的仅是报酬请求权，即立法仍然关照发现人权益，但更为注重埋藏及包藏环境人的利益，仅仅赋予发现人报酬请求权以表彰发现行为并照顾发现人权益，但不得提出所有权主张。

第三，发现人享有的报酬请求权，有上限规定，即不得超过埋藏物本身价值的半数。因此，在“报酬请求权主义”下，发现人可能获得相当于埋藏物价值的半数的报酬；从价款数额上来看，可能与在“所有权有限取得主义”下发现人在某些情形中获得的价款数额相当，比如埋藏物交易变价、所有权虽归属于埋藏物环境人一方但发现人获得对应价款。但两者相比较仍有差别，主要体现在：首先，报酬请求权主义下的发现人所获数额，是发现人权益的表彰；

而有限取得所有权主义下的发现人所获数额，是所有人权益的表现，是因发现行为而被赋予的所有人权益。其次，报酬请求权主义所获利益体量即报酬数额，是不确定的、有上限的，在埋藏物本身价值的半数以下浮动，而有限取得主义模式下的发现人所获利益体量是确定的，即与包藏物人各取一半。且当不为变价等情况时，可能仅仅表现为对物的共有，而不必然体现为价款的获取。

四、国家所有权/先占权主义

埋藏物发现后的国家所有所有权主义，即埋藏物发现后，作为公民的个体权益被无视，国家基于主权对发现后的埋藏物进行先占从而取得所有权。在大陆法系国家民法中，这种立法例在现时已不多见。在德国古代法中可以发现对这一立法主义的体现。在德国古代法中，奉行发现埋藏物的“公有主义”，即埋藏物发现后并不赋予发现人以所有权利益，即并非属于发现人所有，而属国王或者诸侯所有。① 但实际上，近现代民事立法中，埋藏物发现后的国家所有权主义立法主要体现在强调集体利益、强调主权至上的社会主义立法实践中。其中以 1964 年《苏俄民法典》和我国的民事立法为代表。

1964 年《苏俄民法典》第 184 条规定，“埋藏物，即埋藏在地下或以其他方式隐藏起来的、其所有人无法确定或所有人依法已经丧失所有权的货币或贵重物品，归国家所有，发现埋藏物的人应当将它交给财政机关。对于发现金币、银币、苏联货币和外国货币、宝石、珍珠、贵重金属的锭条、制品和碎块并将其交给财政机关的人，按所交贵重物品价值百分之二十五的比例发给奖金，但发掘和找寻这类贵重物品属于其职责范围的人除外”。我国《民法通则》第 79 条第 1 款规定，所有人不明的埋藏物、隐藏物，归国家所有。

① 参见史尚宽著：《物权法论》，中国政法大学出版社 2000 年版，第 137 页。

接受单位应当对上缴的单位或个人,给予表扬或者物质奖励。可见我国系采与1964年《苏俄民法典》相同的立场,即由国家取得埋藏物之所有权。

现有的以我国《民法通则》为例所采埋藏物一律归属国家所有,不承认发现人有限地取得埋藏物所有权立法下,法律显然拔高和夸大了现实条件下人的思想意识的觉悟程度,过高地估计了人们的自觉性,并由此对人的行为提出统一的不恰当的法律要求。于现实条件下,要求所有的生活中的人均将其所发现之埋藏物,即使是一个普通的埋藏物如硬币亦要上交国家,显然是脱离实际的,而且也是不必要的。①

所谓"先占权主义"理论,本源是对无主物进行先占从而取得所有权的一种立法模式。关于无主物的先占取得,各国主要有三种立法例。其一为先占自由主义,即不分动产或不动产之不同,而一律允许自由先占而取得其所有权,为罗马法所采。其二则为先占权主义,即不动产惟国家有先占权,至于动产,须待法律之许可,始能取得其所有权,为日耳曼法所采。其三为二元主义,为现今世界多数国家所采。依此主义,无主物被区分为动产无主物与不动产无主物两种,无主动产适用"先占自由主义",个人得依先占取得其所有权,而无主不动产则适用国家先占主义,唯国家得享有其所有权。②

有学者认为,"在我国大陆,无主物归国家所有的理论,就是典型的主权先占理论。即通过国家主权的立法宣誓,表彰出凡无主财产均归于国家所有,包括埋藏物、隐藏物,拾得物和漂流物,无人继承的遗产等财产,最后都会成为国有财产。"并且认为,"我国对狭义即一般埋藏物在立法上,采用'埋藏物发现——无主物——归

① 参见陈华彬:《埋藏物发现的若干问题》,载《法学研究》1995年第3期。
② 参见梁慧星著:《中国物权法研究》,法律出版社1998年版,第527页。

国家所有'立法逻辑的谬误之处在于:国家主权先占理论的理论逻辑中,以抽象的全体人民的代表者国家,基于国家主权而代表全民取得无主埋藏物的所有权。这种主权先占理论导致的埋藏物立法的定义模糊、规则缺失和规范不具体,恰恰揭示出我国埋藏物立法的理论逻辑是混乱的",这在吴高亮发现乌木后提出高额奖励要求以及最终只给 7 万元的巨大落差中有所体现。"作为埋藏物的乌木,按照我国《民法通则》第 79 条的规定处理的话,是一种过于原则的处理,其立法宗旨显然没有考虑埋藏物发现人的利益。与大陆法系国家在埋藏物立法层面上,处理原则最大的不同是:我国坚持主权先占理论,对于乌木这样的无主物,当然归国家所有。应当说,这样的立法定位,在我国处于改革开放前期……主权先占理论应当是有市场的。但是,当我国经过 20 年的改革开放……通过《物权法》时,社会主义市场经济体制已经建立并深入人心。与此同时,社会主义法治理念和法治思想,已经成为整个国家和社会的基本共识,于是,根据我国《物权法》立法宗旨,整个物权纠纷处理和物权交易应'遵循市场价格'的规定,已经成为处理物权关系的基本原则,所以,我国《民法通则》基于社会主义计划经济体制而确立的无主物主权先占理论,应当终结了。"①

对于国家取得所有权主义,即先占权主义,学者大多持批判态度。有学者认为,该立法主义更注重"公财产",即国家财产的积累。这样的立法模式,根源于政治制度上的社会主义特质,主要目的在于防止国有资产流失以及实现社会主义道德理想。从贯彻社会主义公有制这一宏观层面上来讲,国家取得所有权主义的立法模式更符合社会主义国家的政治理念。但就法律的适应性而言,这一制度设计脱离了社会现实,存在明显不足。主要体现在:

① 王建平:《埋藏物乌木发现者权益的立法逻辑比较分析》,载《西南民族大学学报(人文社会科学版)》2013 年第 1 期。

其一,“收归国家所有”的提法不妥。因为无法明确代表国家主张所有财产的主体,并存在中央政府与地方政府这两个不同利益主体的区别性。故这样的提法缺乏明确性、科学性和可操作性。其二,将所有人不明的埋藏物收归国家所有不符合经济原则。无论价值高低一律收归国有的做法,极有可能使接受单位因此支付的费用远远超出埋藏物价值本身,造成国有资产的浪费。其三,国家取得埋藏物所有权不利于激发人们找寻埋藏物的积极性。其四,国家所有权主义高估了当前人们的思想道德水平;另外,国家取得所有权主义在一定程度上也有失对人性的尊重,应该充分尊重民事主体是经济人这一事实,顺应其自利性的人性倾向,在要求发现人履行义务的同时满足其利益需求。①

第二节　埋藏物环境因素对埋藏物归属认定的意义

一、埋藏物环境及其规范意义

埋藏物环境因素,即作为所有权标的的埋藏物在发现时,所存在或所处的空间和环境之所在,它对于被发现后的埋藏物最终的所有权归属发挥着重要的作用,也是大陆法系传统上对于发现人有限取得所有权主义立法模式的逻辑起点。

追本溯源,古罗马人在埋藏物立法时,作出了如下规定:“如果他权人发现了一件埋藏物,须指出的是,就他为之取得埋藏物所有权的人而言,如果他在别人土地上发现了埋藏物,他就为那个人取得了部分埋藏物;如果他在其家父或主人的土地上发现了埋藏

① 参见荣荣:《埋藏物发现制度的法律问题研究》,复旦大学2007年硕士学位论文,第23~25页。

物,它便全部属于家父或主人。”[1]此时,古罗马人对于埋藏物立法的逻辑在于:首先,在他人土地上发现埋藏物,此时发现人仅取得部分所有权;其次,在家父或者主人的土地上发现埋藏物,则全部归家父或者主人。

《法学阶梯》对此立法逻辑进一步的解释是:某人在自己的地方发现的财宝,被尊为神的阿德里亚努斯遵循自然衡平,把它授予发现人。如果它是某人在圣地或安魂地偶然发现的,他作了同样的规定。但如果它是某人在并非致力于这一业务,而是出于意外的情况下在他人的地方发现的,他将一半授予土地的所有人。而相应地,如果它是某人在恺撒(罗马皇帝)的地方发现的,他规定,一半归发现人,另一半归恺撒。与此相应,如果它是某人在公共的地方或国库的地方发现的,一半归发现人,另一半归国库或者城邦。[2] 可见,古罗马立法者以及法学家们对于埋藏物、埋藏物的发现和埋藏物发现后的处理规则,是给予了高度重视的。在遥远的古罗马时代,皇帝主权的时代,尚且没有把埋藏物发现后的所有权归属一统为皇帝所有,而是分成:(1)在自己土地、圣地或安魂地自己发现埋藏物归自己;(2)在他人土地自己发现埋藏物1/2归自己;(3)在恺撒土地、公共的地方或国库的地方自己发现埋藏物1/2归自己等数种情况。[3]

此时,立法的重心不是发现埋藏物的本人,而是埋藏物埋藏在何处,也就是对于埋藏物形成的土地——“埋藏物空间固定”或者“埋藏物环境”因素的存在。这当中,发现埋藏物的人固然功不可

---

① [意]桑德罗·斯奇巴尼选编:《物与物权》(第二版),范怀俊、费安玲译,中国政法大学出版社1993年版,第39页。

② 参见[古罗马]优士丁尼著:《法学阶梯》,徐国栋译,中国政法大学出版社2005年版,第133页。

③ 参见王建平:《埋藏物乌木发现者权益的立法逻辑比较分析》,载《西南民族大学学报(人文社会科学版)》2013年第1期。

没,但是,他是在他人土地上发现的埋藏物,于是埋藏物发现人也不应该取得埋藏物的全部权利。其正常的逻辑推演是:任何人不应该在他人土地上随意发现埋藏物,哪怕是偶然的发现。①

因此,有必要进一步准确理解"埋藏性"的重要意义。从事实层面上,"埋藏性"确认了被发现物与其他裸露状态之物的区别并因此,直接决定了埋藏物特有的法律意义:第一,物之埋藏,本不为人所知,因发现而重归利用,此乃发现人得以享有所有权主张的法理之所在;第二,物之埋藏,客观上框定了埋藏环境,埋藏物环境权利人得依其地位享有所有权利益——这也是大陆法系国家埋藏物归属二分之一规则的理由所在;第三,物之埋藏,协同于"不能判明"的法律判断,从而确立埋藏物归属的制度基点。被埋藏的无主物,如乌木、陨石等,究竟应当适用埋藏物发现制度,还是无主物先占制度,最终影响的是法律对相关主体利益分配的方式与格局,即行为人完整取得所有权,还是与埋藏物空间权利人共享利益。②

二、在自己的物(土地)中发现埋藏物的归属

对于埋藏物环境的确定或称埋藏物的空间固定,可以直接分为两种情况,即"在自己所有物中"和"在他人所有物中"。在自己所有的物中发现埋藏物,是指在自己拥有所有权的动产和不动产(主要指土地)中发现埋藏物。

在罗马法中,有学说认为埋藏物是添附物,即发现地所有人视发现物为其土地的添附物,从而取得所有权。③ 也就是说,埋藏环

① 王建平:《埋藏物乌木发现者权益的立法逻辑比较分析》,载《西南民族大学学报(人文社会科学版)》2013年第1期。

② 赖虹宇:《体系化视野下的埋藏物制度检视——以与无主物的关系为中心》,载《北京社会科学》2016年第3期,第15~24页。

③ 江平、米健著:《罗马法基础》,中国政法大学出版社1991年版,第203页。转引自陈华彬:《埋藏物发现的若干问题》,载《法学研究》1995年第3期。

境物或包藏物的所有权应当及于埋藏物,从而使埋藏物由包藏物的所有权人所有。此处所称的包藏物所有权人的所有权及于埋藏物,不考虑发现人与包藏物所有人是否竞合,而一概归于包藏物所有人所有。大陆法系大部分国家和地区的立法实践,以及中国古代唐宋时期关于埋藏物发现的规则,均将“埋藏物环境”要素作为考量的重点,埋藏物空间固定是影响埋藏物发现后最终归属的重要因素,即当埋藏物发现的地方属于不同的埋藏物包藏环境时,有不同的处理方法。

《法国民法典》第716条规定,“埋藏物的所有权,属于在自己土地内发现之人”;《德国民法典》的规定较为简略,第984条规定,“发现因长期埋藏而不能查明其所有人的物(埋藏物),并因发现而占有此物时,其所有权的一半归属于发现人,一半归属于埋藏物埋藏所在的物的所有人”。因此,如果埋藏物是由埋藏它的土地或动产的所有权人发现,该发现物依“占据权”而不是依“添附权”全部归属于土地或动产的所有权人。在所有权人指示下进行的发现亦由该所有人取得所有权,“如果工人或者工程承揽人是按照所有权人为了发现某一埋藏物而给予的命令或指引进行寻找,也应当做相同处理”。[①] 该条虽未明确在自己物中发现埋藏物归自己所有,实际上即便从该条的规定进行逻辑推演亦可以得出相同结论。当在自己物中发现埋藏物时,发现人取得所有权的一半,而埋藏所在的物的所有人取得另一半,而此时发现人与埋藏所在物的所有人为同一人,发生了竞合,故由其取得了完整的所有权。

《日本民法典》第241条规定,“埋藏物依特别法定,在公告后6个月内不知其所有人时,发现人取得所有权”,后紧跟但书规定,在他人物中发现埋藏物,则各取一半。亦即当在自己所有物中发现

① [法]弗朗索瓦·泰雷、菲利普·森勒尔著:《法国财产法》,罗结珍译,中国法制出版社2008年版,第504页。

埋藏物的，则可根据该条第一句的规定取得所有权。我妻荣教授曾指出："（埋藏物发现）在所有权当然属于发现人这一点上，与遗失物拾得相同。但是……（b）在包藏物为他人所有之物时，发现人与包藏物所有人以相同比例取得其所有权。即，按照各自二分之一的份额共有。"①可见，在自己物中发现埋藏物的所有权是必然属于发现人的。我国台湾地区"民法"第808条规定，"发现埋藏物而占有者，取得其所有权"，同时也以但书规定在他人物中发现的，与该物所有权人各取一半。《意大利民法典》第932条规定，"埋藏物的所有权属于在自己土地内发现物品的人"。传承于古罗马法的《意大利民法典》，本身就具有演绎罗马法的使命。它的规则表明一个千百年演绎形成的习惯性规则：只有在自己的土地上发现埋藏物的，才属于发现人即土地所有人。此时既可以说全部归属于埋藏环境人，也可以说全部归属于发现人，因为此时埋藏物发现人与包藏物所有人、埋藏物环境人发生了竞合。但不能由此推出埋藏物谁发现归谁，因为土地所有人的身份或者土地所有权，要对埋藏物的归属发挥"埋藏物环境"或者"埋藏物空间固定"等环境性因素的法律后果。基于此，埋藏物所有权的归属逻辑，应当是埋藏物环境属于谁，则主体竞合时发生埋藏物归发现埋藏物的土地所有人的情形。②

另外，埋藏物的发现可分为"偶然"的发现与"出于预定计划"的发现。例如法国，将埋藏物的发现严格地限制在"偶然"范围内，不承认计划性发掘属于埋藏物的发现。此时，根据相关法律规定，在自己的物中、偶然情况下的埋藏物发现，当然地由发现人自己（也是包藏物环境人）获得埋藏物的所有权。但是，诸如我国台

① ［日］我妻荣著，有泉亨补订：《我妻荣民法讲义Ⅱ：新订物权法》，罗丽译，中国法制出版社2008年版，第314页。

② 参见王建平：《埋藏物乌木发现者权益的立法逻辑比较分析》，载《西南民族大学学报（人文社会科学版）》2013年第1期。

湾地区“民法”，对于埋藏物发现是出于偶然还是出于计划在所不问，故当在自己的土地上计划性挖掘所取得埋藏物，一般认为是对自己物的使用，无论是基于“包藏物所有权及于埋藏物所有权”理论，还是基于“发现人与包藏物所有人各占二分之一”理论加“发现人与包藏物环境人竞合”的情况，在最终的所有权归属结果上并无二致。

三、在他人的物（土地）中发现埋藏物的归属

在他人的土地或在他人的物中发现埋藏物，此时的处理规则更加体现出埋藏物空间固定及埋藏物环境对埋藏物所有权归属的重要影响。在以罗马法为本源的大陆法系和以唐宋立法为代表的中国古代立法传统上，对在他人土地上或称他人所有的物中发现埋藏物的，都设立了埋藏物发现人全部或有限取得规则。在这样的归属规则下，可发现一个重要的逻辑在于，埋藏物被发现后恰恰是其所处的位置和空间对其归属具有重要的影响，而并非仅仅取决于发现人的发现行为本身。发现既不是土地所有权人，也不是代表土地所有权人寻找埋藏物的人。至于发现人在发现埋藏物时属于何种身份，究竟是承租人、征用土地的受益人、从事施工的工人，都无关紧要。①

《法国民法典》第716条规定，“……如埋藏物发现于他人土地内，其半数属于发现人，半数属于土地所有人”；《德国民法典》第984条规定，“发现因长期埋藏而不能查明其所有人的物（埋藏物），并因发现而占有此物时，其所有权的一半归属于发现人，一半归属于埋藏物埋藏所在的物的所有人”；《日本民法典》第241条规定，“……但在他人之物中发现的埋藏物，发现人与其物的所有人

① 参见［法］弗朗索瓦·泰雷、菲利普·森勒尔著：《法国财产法》，罗结珍译，中国法制出版社2008年版，第505页。

各取得所有权之半”;我国台湾地区“民法”第808条规定,“但埋藏物系在他人之动产或不动产中发现者,该动产或不动产之所有人与发现人,各取得埋藏物之半”;《意大利民法典》第932条第2款规定,“在他人土地内偶然发现的埋藏物的所有权,一半属于土地的所有人,另一半属于发现人”。也就是说,当埋藏物的发现人与埋藏物环境所有人不竞合时,绝大多数大陆法系国家或地区都确定了发现人与埋藏环境人各取一半的规则。

在他人所有物中发现埋藏物,除开以法国为代表主张的“偶然发现主义”,仍有部分国家奉行“偶然发现还是出于预定计划在所不问”。在他人所有物中偶然发现埋藏物,发现人与埋藏物所有权人均分当无疑义,唯在他人所有物中有计划地发掘,须有一个限制条件,即经过埋藏物环境人的同意,此时若发现埋藏物,发现人亦能根据“二分之一规则”取得部分所有权。若是未经允许,则涉及盗掘盗挖等违法行为,即便发现埋藏物,亦不可提出所有权主张,相反还要承担损害赔偿等责任。

与此同时,瑞士民法继受了古罗马法中关于埋藏物属于包藏土地的添附的学说,将埋藏物的所有权概归包藏物所有人,《瑞士民法典》第723条规定,埋藏物属于被发现之土地或动产所有人所有。由此也产生了《瑞士民法典》特有的、不同于其他大陆法系国家规定的埋藏物发现制度规则,即报酬请求权规则。但是,对于埋藏物是包藏物的从物的观点,应当说是值得商榷的,应当予以说明。有学者分析道:“1. 在埋藏物未被发现之前,在社会观念中,包藏物是特定而且独立的物,其上自可成立所有权,而所有权是完整的物权,包藏物的所有人可对物的整体进行完全地支配,并可对包藏物的表层进行处分,亦可对其深层的物体进行处分。在包藏物所有权发生转移时,取得包藏物所有权的人对包藏物的整体享有所有权,包藏物的原所有人则不能保留其对于尚未发现之埋藏物的权利。2. 埋藏物一旦被发现,即脱离包藏物而独立存在,成为物权的客体。物权法以一物一权主义为基本原则，这样包藏物的所有权不能存在于埋藏物之上，埋藏物的所有权只能重新确定”。[1]

四、在具有其他法律关系的物中发现埋藏物的归属

所有权作为最完整最原始的物权形式，反映的也是物权归属层面的问题，从所有人角度来讲是一种自物权。埋藏物的发现归根到底也是一个发现后如何处理，最终指向其所有权如何归属的问题。但问题在于，当埋藏物被发现后，对发现之处进行空间固定，或对该埋藏物环境进行法律关系分析时，通常会面临较为复杂的情形。也就是说，当该埋藏物环境或包藏物上附着有其他法律关系，比如有他物权附着其上时，埋藏物发现人与埋藏物环境利益人，包括所有权人、他物权人的利益如何协调，他物权人对所有权归属又是否会产生影响。史尚宽先生认为，“埋藏物之包藏物上有所有权以外之其他物权权利时，其权利之效力，不及于包藏物之所有人取得埋藏物之权利，即包藏物所有人有取得埋藏物之权利，其他物权权利人不得为任何主张”。[2] 这大抵可以看作学理上对此问题的一个普遍的看法。

用益物权制度的产生，扩展了物的使用价值。由于人类社会资源总量与人口之间的巨大矛盾需要调和，用益物权这种权利制度的建立则大大缓解了这种矛盾。人们可以在确定的物的归属关系下，也就是在所有权人的利益得到承认和保护之后，另外建立长期而稳定的利用物的权利，使得物的实用价值得到最大的发挥。用益物权制度在各国的权利系统中各具特色，富有差异，但对于中国来讲又具有极其特殊的地位。“由于意识形态方面的原因，在所有权作为民事权利的意义有时难以彰显的情况下，用益物权的意

① 常鹏翱：《埋藏物发现的若干法律问题》，载《云南法学》1998 年第 2 期。

② 史尚宽著：《物权法论》，中国政法大学出版社 2000 年版，第 140 页。

义在民法上凸显出来。例如,中国立法中关于土地的用益物权,从市场经济实践的角度看在民法上的意义反而比土地所有权重要,因为土地所有权被法律强制不能进入市场,而土地使用权的市场却是普遍开放的”。① 审视用益物权制度对埋藏物发现后归属的影响,可以看出用益物权本身的前提在于保证所有权人的权益得到承认和保护,并且用益物权的权能一般来讲只包括占有、使用以及部分情况下的收益,而并不具有处分权能。因此,在埋藏物发现制度中,少有国家在法律中对埋藏物空间上的用益物权人权益作出规定。

意大利民法是为数不多的例外。《意大利民法典》在用益权部分,对埋藏物的发现作出了规定,该法第988条规定,“用益权不及于用益权存续期间发现的埋藏物,但是用益权人作为发现人应当享有的权利不受影响”。该规定可看作用益权不及于埋藏物发现的原则性规定,亦即用益权人不得依据该法规定的埋藏物发现规则,作为“埋藏物环境权益人”而享有对埋藏物的所有权主张。但用益权人若为发现人则当然地享有可以主张所有权的权利,此亦可看作对发现人权益的重申。同时,由于意大利民法中规定有一项特殊的权利即永佃权,其对于埋藏物发现的影响则有不同的规定。该法第959条规定,“对土地产生的孳息、埋藏物以及根据特别法的规定对有关地下层的利用,永佃权人享有与土地的所有人同等的权利”。可见,《意大利民法典》在埋藏物发现后的权利设置方面,对永佃权人与用益权人采取了完全不同的两种态度,也就是说,永佃权人可以取得与土地所有人一样的地位,以“埋藏物环境权益人”的身份对埋藏物提出所有权主张,而用益权人则不具有这样的权利地位,而仅仅在于其与发现人身份竞合时,以发现人身份主张权利,在最终归属上用益权人取得了所有权份额,但不能就此

① 孙宪忠著:《中国物权法总论》,法律出版社2009年版,第133~134页。

认为用益权人可以取得部分埋藏物的所有权。

永佃权是一种可以转让的,并可以继承的物权,它使人可以充分地享有土地,同时负担不毁坏土地并交纳年租金的义务。从意大利民法的相关规定来看,某种程度上对土地的利用时间上具有“永久性”,利用程度上亦具有广泛性。永佃权人享有对该权利的处分权,而土地所有人保有对土地本身的处分权。意大利民法中的永佃权是继受于罗马法的相关规定,罗马法中“永租权是指支付租金,长久或永久地使用、收益他人的不动产的权利。这种权利最初仅适用于土地,称为永佃权,后来扩大到房屋,所以统称永租权”,“永租权与所有权几乎相同,故有准所有权之称”。① 而用益权则只能对包藏物进行概括的利用,其对包藏物享有的权利明显次于永佃权人。当然,对包藏物用益物权人的这种区别对待只是个例,并不具有普遍性。

担保物权是指为了担保债务的履行,在债务人或第三人的特定物或权利上所设定的一种他物权。担保物权以担保债权的实现为目的,以标的物的价值和优先受偿为内容,追求的是物的交换价值,具有价值性。同时担保物权具有担保行性,由此具有从属性。②世界各国担保物权具有类型各有差异,一般来讲,包括抵押权、留置权、质权等类型。实际上,发现埋藏物之后,担保物权人与发现人之间产生的权利义务关系,因他物权人是否占有而略有不同。质权、留置权因处于他物权人的占有中,对担保物的管理实际上由他物权人在行使。当埋藏物发现时,必然涉及包藏物所有人或称埋藏物环境人的协助或配合,此时该协助和配合的义务因他物权人的占有就从所有权人处转移到他物权人处;然而这样的义务转移并不表示担保物权人加入了埋藏物发现的法律关系,而只能视

① 周枏著:《罗马法原论》,商务印书馆2009年版,第414~416页。

② 马俊驹、余延满著:《民法原论》,法律出版社2010年版,第402~403页。

为第三人代为履行义务,原本的义务主体并未发生变化,仍然是包藏物所有人。代为履行义务的基础则是担保物权关系。① 另外,无论是否发生转移占有,如果因为发现行为对包藏物产生了破坏或价值减损甚至灭失,则会产生另外的问题。第一,发现人应当对包藏物所有人进行利益补偿,自不待言。但亦要根据实际情况,综合考虑是偶然发现还是计划发掘,计划发掘情况下经同意还是未经同意,有偿还是无偿等具体情况区别对待、区分处理。第二,因包藏物上附着有担保物权,而担保物的价值减损必然影响到担保物权人的利益。故此,我国《物权法》第 174 条规定:“担保期间,担保财产毁损、灭失或者被征收等,担保物权人可以就获得的保险金、赔偿金或者补偿金等优先受偿。被担保债权的履行期未届满的,也可以提存该保险金、赔偿金或者补偿金等”。《担保法》第 58 条亦规定:抵押权因抵押物灭失而消灭。因灭失所得的赔偿金,应当作为抵押财产。《担保法》第 73 条规定:质权因质物灭失而消灭。因灭失所得的赔偿金,应当作为出质财产。也就是说,当发现人对包藏物所有人所受损失进行利益补偿后,他物权人可以在受偿范围内就包藏物价值损失的部分主张其担保物权。

总的来说,根据各国立法实践和法理阐述,一般认为,包藏物上附着的其他法律关系并不能影响埋藏物发现后的所有权归属。从用益物权角度来讲,因用益物权仅仅涉及对包藏物使用价值的利用,对该物的处分权能仍然掌握在所有权人手中,无论用益物权人如何占有、使用、收益,都不会触及对物的处分,而处分才是对该物根本性的影响。在用益物权环境下的物中发现埋藏物,是从一个概括的物权标的——包藏物中,因为发现行为本身,而分离出一个其他的独立的物权标的,而这实际上涉及的是对包藏物所有权

① 荣荣:《埋藏物发现制度的法律问题研究》,复旦大学 2007 年硕士学位论文,第 9 页。

人利益的影响,由此应由包藏物所有人取得埋藏物的利益。从担保物权的角度来讲,因为担保物权具有从属性,实际上担保的是债权的实现,对该物的占有是保证该物的代位性,担保期间即便所有权人转移占有但仍保有所有权,如果主债权债务归于消灭,担保物权人不必然要求将担保物变价并优先受偿,所有权人仍有可能取回担保物,亦即担保物权保证的是一种可能性。故在担保物权环境下发现埋藏物,可能涉及对担保物的毁损而影响担保物权人的权利,但此时可通过债法的相关规则予以调整和平衡,同时其作为物的占有人,帮助发现人发现埋藏物的行为,一方面可以帮助包藏物所有人主张利益补偿,另一方面也是保证自己担保物权通过代位物而取得实现。

第三节　先行为对发现埋藏物的影响

一、先行为与空间权利人

所谓先行为,从广义上来说,是指引起埋藏物被发现的一切在先行为。由于狭义埋藏物的发现,以"偶然发现为原则,计划发现为例外",且计划发现要发生物法上的归属,须满足埋藏物环境人同意发掘这一条件。故广义上的先行为包含两层内涵:一是对埋藏(或包藏)环境进行破坏、改造、重塑、整理等并因此使埋藏物被行为人偶然发现的一切在先行为,即"先行为作用于埋藏物环境—偶然发现埋藏物之所在"模式。二是经过埋藏物(或包藏物)环境所有人同意的出于预定计划的或主动的埋藏物发现,即"计划发掘作用于埋藏物环境—埋藏物脱离埋藏物环境"模式,此时的发掘行为亦属于广义先行为的范畴。两者的区别就在于,前者对埋藏物环境的作用并不存在主观上去发现埋藏物的意思要素,而后者行为人对埋藏物环境进行作用主观上是为了发现埋藏物。狭义的先行为，则仅指第一种情况下的先行为。

另外，虽然对于埋藏物最终发现，即最终认识到埋藏物之所在并使之脱离埋藏物环境，必然是基于行为人的某些特定行为，并且大多发生在先行为作用于埋藏物环境这种情况下，如打地基、清挖下水道、耕作农田、装修住房等情况，此处列举的几种情况即为典型的先行为。但在现实生活中，埋藏物被偶然发现并不必然要基于先行为，因为此处的先行为被限定在对埋藏（或包藏）环境进行破坏、改造、重塑、整理等状况下，除此之外还有纯粹偶然，例如轰动一时的"彭州乌木案"中，发现人吴高亮就是在距离自家门口三四十米的小溪内极其偶然地发现了一截发黑的枝丫，并由此展开发掘。可见，虽偶然发现了埋藏物，但之前吴高亮并无作用于埋藏（或包藏）环境的先行为，后因发掘或为将乌木脱离埋藏环境而对埋藏物环境进行的破坏或影响，并非偶然发现的前提，而是偶然发现的结果，这与基于先行为的偶然发现并不相同。对此可称之为"无先行为条件下的偶然发现"或纯粹偶然的发现。因无先行为条件的叠加，影响其归属或处理的因素较少，最终对其进行归属和处理则相对简单，仅需要根据法律规则即可判明归属。

由此可知，对狭义埋藏物①的发现，根据是否存在先行为，以及先行为的种类，大致具有三种不同的情况，并且要区分在他人物中还是在自己物中为发现，具体情形如表 5-1 所示。

① 价值极高的自然物，或称价值巨大的自然物，其在本质上符合狭义埋藏物的一般特征，所不同之处在于其同时具有"价值巨大"与"自然世界出产物"这两大特征，属于价值极大的自始无主物。本书通过立法设计对其进行特殊规制，与狭义埋藏物在归属规则上配备不同规则。但从发现行为角度来看，狭义埋藏物与价值巨大自然物同属民法意义上的埋藏物，不因其差异影响对发现行为的定性。因此，此处论述的对象包含"价值极高自然物"。

表 5-1　先行为对埋藏物归属的影响

<table>
<tr><td rowspan="4">他人物中</td><td>无先行为条件下的偶然发现</td><td colspan="3">基于先行为偶然发现埋藏物</td><td colspan="2">主动或计划发现埋藏物</td></tr>
<tr><td rowspan="3">物法上发现人与所有人各取一半；债法上进行补偿</td><td colspan="2">同意先行为</td><td>不同意先行为</td><td>同 意</td><td>不同意</td></tr>
<tr><td>有 偿</td><td>无 偿</td><td rowspan="2">物法上发现人与所有人各取一半；债法上，有损害则赔偿</td><td rowspan="2">发现人与所有人各取得一半所有权</td><td rowspan="2">不发生所有权取得，且需赔偿，承担相应法律后果</td></tr>
<tr><td>发现人与所有人各取一半所有权</td><td>发现人与发现人各取一半；超过给予补偿</td></tr>
<tr><td>自己物中</td><td colspan="6">自己所有</td></tr>
</table>

第一，“无先行为条件下的偶然发现”。是指埋藏物经偶然发现，该“偶然”并非由先行为所导致，亦即没有事先对埋藏物（或包藏物）环境进行破坏、改造、重塑、整理的先前行为存在，导致埋藏物被偶然发现的原因是行为人的偶然瞥见或埋藏物小部分裸露的提示作用等。

第二，“基于先行为而偶然发现埋藏物”。此时埋藏物被偶然发现是因为行为人事先在进行对埋藏物（或包藏物）环境进行破坏、改造、重塑、整理等直接作用于埋藏物环境的行为，且因为这一行为的作用，而使行为人认识到埋藏物之所在从而发现了埋藏物，但这种情况下，埋藏物发现人作用于埋藏物环境的先行为并不具有发现埋藏物的意思要素。

第三，“主动或计划发现埋藏物”。这种情况下，行为人直接作用于埋藏物环境，但行为人行使这一行为的目的就在于探寻或发现埋藏物，这种情况下的埋藏物发现是埋藏物“偶然发现”的例外补充情形，要发生狭义埋藏物在所有权上的归属作用，须经过埋藏物(或包藏物)环境所有人的同意,以禁止滥挖滥掘与盗挖盗掘。与此同时,探讨先行为对狭义埋藏物归属和处理的影响,讨论前提都在于行为人与埋藏物环境人非属同一人时,也就是在他人所有之物中而为发现。若属同一人,则主体发生竞合,所有行为均可视作对自己物的使用与利用,发现埋藏物均归属于埋藏物环境所有人(同时也是发现人)所有。

另外,先行为区分为是否经空间权利人同意。此处的"空间权利人"一般是指埋藏物环境所有人,但埋藏环境物上通常可能存在其他权利状态,例如在包藏物上存在有他物权人的情况。因此需要区分讨论。

首先,对用益物权来说,该种他物权的权能根据我国《物权法》第117条规定,是用益物权人对他人所有的不动产或者动产,依法享有占有、使用和收益的权利。又根据《物权法》第120条规定:用益物权人行使权利,应当遵守法律有关保护和合理开发利用资源的规定。所有权人不得干涉用益物权人行使权利。这涉及用益物权人与所有权人权利的调和,特别是对存在用益物权的物进行先行为从而发现埋藏物,则出现了发现人、包藏物所有人及包藏物用益物权人三方利益主体。根据大陆法系国家的一般规定,在埋藏物所有权归属上,用益物权人并不能有所主张,但在对先行为的同意与否上,用益物权人此时取代了所有权人的地位。从法理上讲,用益物权属于他物权、限制物权,其当然对所有权构成限制。只要在法律规定的用益物权内容范围内,所有权不能对抗用益物权。① 因

① 参见最高人民法院物权法研究小组编:《〈中华人民共和国物权法〉条文理解与适用》,人民法院出版社2007年版,第359页。另外,该书第358~359页还指出,在《物权法》制定过程中,草案征求意见稿、第四次审议稿和第五次审议稿都曾规定有"用益物权人行使权利……不得损害所有人的权益……"后来该句被删除。"其实,用益物权人依法正当行使其权利,在法律上是不可能构成对所有权人权益的损害的"。

此，当有用益物权附着于包藏物之上时，因用益物权人实际行使占有、使用、收益的权能，因此，经空间权利人同意的主体，就变成用益物权人。特别是经同意的先行为作用于包藏物之上，对其进行破坏、改造、重塑、整理等，在实践中一般表现为挖地基、修建沟渠等建设工程，实际上系属对包藏物的使用，是用益物权人的权能之一。

其次，对担保物权来说，我国《物权法》规定了三种担保物权的种类，包括抵押权、质权以及留置权。依是否转移占有，可以区分为转移占有的担保物权和不转移占有的担保物权；前者主要指质权和留置权，后者则主要指抵押权。可见，担保物权并非必然转移占有。我国《物权法》第170条对担保物权进行了定义，规定担保物权人在债务人不履行到期债务或者发生当事人约定的实现担保物权的情形，依法享有就担保财产优先受偿的权利，但法律另有规定的除外。依据本条可知，“担保物权以债务人不履行到期债务或发生约定行使情形为行使条件。担保物权在担保过程中仅为一种可能性权利或者期待型权利。这种可能性必须以债务人到期不履行债务或者发生约定的实行情形为其行使的前提条件”。[①] 因此，当包藏物上附着有担保物权时，并不必然侵害担保物权人的占有；而先行为是必然作用于包藏物的物理性行为，必然会侵害到占有人的占有。而且在担保期间，担保物权如无特别约定，担保物权人并不能实在地主张权利，因其只是一种期待权，如果被担保的债权到期得到完全清偿，则担保物权自行消灭。但先行为这种物理性质的行为可能对担保物造成损坏甚至灭失，特别是在质权和留置权条件下，由担保物权人占有担保物。当被担保债务不履行或不完全履行时，担保物权人的利益仍有被侵害之虞。因此，法律设

① 最高人民法院物权法研究小组编：《〈中华人民共和国物权法〉条文理解与适用》，人民法院出版社2007年版，第498页。

有规定:《物权法》第174条规定:担保期间,担保财产毁损、灭失或者被征收等,担保物权人可以就获得的保险金、赔偿金或者补偿金等优先受偿。被担保债权的履行期未届满的,也可以提存该保险金、赔偿金或者补偿金等。《担保法》第58条亦规定:抵押权因抵押物灭失而消灭。因灭失所得的赔偿金,应当作为抵押财产。《担保法》第73条规定:质权因质物灭失而消灭。因灭失所得的赔偿金,应当作为出质财产。由此可知,即便在设有担保物权的情形下,对先行为作出是否同意的主体,即此时的"空间权利人"应当是包藏物的所有人,如果因先行为的行使,而使包藏物毁损、灭失,实际上本质上侵害的是所有人的所有权。当然,当发现人对包藏物所有人所受损失进行利益补偿后,他物权人可以在受偿范围内就包藏物价值损失的部分主张其担保物权。

二、经空间权利人同意的先行为

经空间权利人同意的先行为,主要目的在于提高权利人对埋藏或包藏物环境的用益,属于对包藏物的有效合理使用范畴。包藏物所有人、用益物权人等空间权利人,为提高自己物的利用率和使用效益对土地进行的改造等,是最为常见的先行为,例如土地耕作整理、挖掘地基水井、铺设管道等。虽然这些行为在某些情况下是基于空间权利人的意志或指示作出,但行为人若与包藏物所有人非为竟合之时,对发现人而言,其仍是在他人包藏物内发现埋藏物。在这种情况下,发现人仍与包藏物所有权人可依二分之一规则取得埋藏物的所有权。但可知先行为实际上并未影响所有权的归属与最后的处理。实际上,要讨论先行为对埋藏物发现后处理的影响,应进一步局限在发生这一先行为的初始意志并不肇始于空间权利人。换句话说,只有当对包藏物进行破坏、改造、重塑、整理等先行为的初始动机并非来自空间权利人之时,先行为才可能最终影响发现后的处理。因为只有这样的情况下,才涉及先行为的作出对空间权利人是有偿还是无偿的区分。

（一）有偿情况下的处理

案例1：例如，某公司在村民甲的承包田上挖井，事先给予500元补偿费用。由此可知：首先，对承包田挖井必然破坏承包田的现有状态，属于本文所定义的先行为无疑。其次，作出该先行为的初始动机并非来源于空间权利人，而是与土地占有、使用无关的其他人。最后，某公司事先给予500元补偿费用，不仅说明该挖井行为是有偿的，亦可推出该挖井行为系经空间权利人同意的。如果此时，挖井的行为人偶然发现埋藏物，该埋藏物该如何归属。根据二分之一规则，此时发现人和土地所有人对埋藏物各享有一半的所有权。

此时，甲作为土地承包经营权人，处于用益物权人的地位。因其可以对该幅土地行使占有、使用、收益等用益物权权能，所以，村民甲此时取代了土地所有人村集体而成为空间权利人，某公司挖井的行为需经村民甲同意。并且，用益物权人甲并不能参与埋藏物所有权利益的分配，①这是从物权法上埋藏物归属层面而作的判断。与此同时，从债法上分析可知，因用益物权人同意发现人作先行为，例如，本案例中的同意其挖井，表明先行为是在自己的意志允许范围之内，且系属有偿，可看作对承包田物理破坏的经济补偿，故不存在债法上损害赔偿的请求权一说。

当然，即便在《意大利民法典》中亦规定，“用益权人作为发现人应当享有的权利不受影响”。也就是说，用益物权人的权利虽不及于土地之下的埋藏物，但当用益物权人是发现人时，便享有发现埋藏物的权利，也就是物法上的所有权主张利益。但严格说来，此

① 例如，《意大利民法典》第988条规定，“用益权不及于用益权存续期间发现的埋藏物”，该规定可看做用益权不及于埋藏物发现的原则性规定，亦即用益权人不得依据该法规定的埋藏物发现规则，作为“埋藏物环境权益人”而享有对埋藏物的所有权主张。

时用益物权人和发现人竞合，其享有的所有权分配利益实际上应是发现人利益。

（二）无偿情况下的处理

案例2：基本情况如上例，仍由某公司在甲承包田上打井，虽经甲同意，但因甲与某公司负责人交好，并未收取报酬，而是无偿允许某公司实施打井行为。此时，若某公司工作人员在打井过程中偶然发现埋藏物，则发现人与该幅承包田的所有人即某村集体各取得埋藏物的一半所有权，用益物权人甲不得对埋藏物提出所有权主张，均无疑义。

问题在于此时发现埋藏物之后，用益物权人虽不能提出物权主张，但能否允许提出相应补偿？发现人的先行为必然造成对埋藏物环境即包藏环境的破坏，否则也无法发现埋藏物，而对包藏物的破坏必然影响到用益物权人对标的物的占有、使用和收益，因此一般会在用益物权人同意的前提下一并给予一定的经济补偿。但空间权利人可能基于各种理由，使发现人无偿实施先行为。基于一般经验逻辑，用益物权人之所以允许，在于先行为虽然可能造成破坏但能在工程结束后予以恢复与还原，或虽不能还原但仍在权利人的可预见与可容忍范围之内。因此，如果发现人在实施先行为过程中发现了埋藏物，但为将之脱离埋藏物环境而成为可独立支配物，将对包藏物的破坏扩大或造成无法还原、恢复，此时实际上超过了空间权利人的许可范围，造成了超限度的损害，但先行为本身是合法的，因此，用益物权人可以要求发现人给予相应的补偿。但该补偿并非埋藏物利益的分割，而是对超过允许范围造成的损耗的对价与补偿。

三、未经空间权利人同意的先行为

案例3：基本情况仍同案例1，不同之处在于行为人某公司实施挖水井的先行为，并未经过空间权利人即土地承包经营权人甲的同意因而也不存在事前是否有偿的情况。此时需要注意,虽然某公司的行为未经空间权利人同意,但与盗挖盗掘行为并不相同。案例中的情况在于,虽然具有一定的违法性,对空间权利人的用益物权标的来说,是一种十足的侵权行为,但其不带有探寻挖掘埋藏物的主观意思要素,因此,并非盗挖盗掘。也就是说,虽然挖井这一先行为未经同意许可,具有违法性,但对埋藏物的发现仍然是基于偶然,亦即对埋藏物的发现是"善意"的,对埋藏物进行所有权主张仍能获得支持,也就是发现人与包藏物所有人各得一半。但同时,发现人挖井的行为,对甲的承包田即埋藏物环境造成了实际的损害,侵害了甲的用益物权,更侵害了村集体的所有权,此时用益物权人甲或其他空间权利人有权要求债法上的损害赔偿。

四、出于预定计划进行的埋藏物发现

如前文所述,出于预定计划进行的埋藏物发现,因挖掘行为仍然涉及对埋藏物环境或包藏物的物理性破坏,从广义上属于埋藏物发现的在先行为。

出于预定计划的埋藏物发现,仍然因空间权利人的同意与否有所区别。首先需要明确的,是作出同意与否决定的空间权利人是谁。从内容上来看,同意的内容是允许或反对行为人主动地探寻、挖掘埋藏物。而根据分析可知,埋藏物一旦被"发现"或称脱离埋藏物环境而成为可独立支配物,能够提出所有权主张的相关权利人,限于发现人与包藏物所有人,与用益物权人、担保物权人无涉。但是,埋藏物一旦被发现,包藏物所有权人因可取得一半所有权可得到相应的财富增加,加之对包藏物的使用是用益物权权能之一,因此,用益物权人的同意行为并不对所有权人的权益造成损害。相应地,若用益物权人不同意,则埋藏物仍"可能"埋藏于包藏物中,不为其他人所侵犯,对所有权人来说亦无害处。总的说来,用益物权人可以作为此处的空间权利人,作出同意或不同意的

决定;而担保物权人则不能作出这样的决定,理由与前述狭义先行为的同意主体不由担保物权人担当相同,此时作出决定的空间权利人仍是包藏物的所有权人。

在空间权利人同意的情况下,出于预定计划的埋藏物发现,由埋藏物发现人与包藏物所有人各自取得一半所有权。这是埋藏物偶然发现之外的例外情况,也仅在这种情况下的主动发现埋藏物方可发生民法上的埋藏物发现制度的法律效果。在空间权利人不同意的情况下,此时出于预定计划的埋藏物发现,由于未经空间权利人同意,同时主观上具有主动探寻、挖掘埋藏物的意思要素,容易构成盗挖盗掘行为。此时不仅不能发生民法上的埋藏物发现的法律效果,而且造成包藏物的毁损、灭失,会严重影响所有权人及相关权利人的合法利益,则还应承担债法上的侵权损害责任。同时,盗挖盗掘行为若符合相关刑法构成要件,①则可能触犯《刑法》相关条文,还可能需要承担相应的刑事责任。

但事实上,未经空间权利人同意而出于预定计划在他人土地上发现埋藏物还存在一种特殊情形。即用益物权人等拥有特殊权利的人,在用益物权标的中出于预定计划而发现埋藏物的情形。即便在法国这种仅承认"偶然发现主义"的国家,亦有学者对出于预定计划的发现进行思考。"如果进行寻找的人享有某种权利,由于这种权利,他可以经常地、自愿地进行某些工程,例如,承租人或者用益物权人就是如此。在这种情况下,如果发现了埋藏物,看来

① 例如,我国《刑法》第328条规定:"盗掘具有历史、艺术、科学价值的古文化遗址、古墓葬的,处三年以上十年以下有期徒刑,并处罚金;情节较轻的,处三年以下有期徒刑、拘役或者管制,并处罚金;有下列情形之一的,处十年以上有期徒刑或者无期徒刑,并处罚金或者没收财产:(一)盗掘确定为全国重点文物保护单位和省级文物保护单位的古文化遗址、古墓葬的;(二)盗掘古文化遗址、古墓葬集团的首要分子;(三)多次盗掘古文化遗址、古墓葬的;(四)盗掘古文化遗址、古墓葬,并盗窃珍贵文物或者造成珍贵文物严重破坏的。盗掘国家保护的具有科学价值的古人类化石和古脊椎动物化石的,依照前款的规定处罚。"

他可以作为发现人，发现物的一半应当归属于他，尽管他是在有意寻找埋藏物。因为发现人从其用益权人、甚至承租人、佃农的身份中获得了进行这种寻找的正当利益。”①在这种情况下，虽然发现人（用益物权人等特殊权利人）主动的计划性发掘，可能并未经真正的空间权利人即土地所有权人同意，但仍要赋予其能够取得埋藏物所有权的法律效果，因为“如果我们否定这些人在这种情况下享有发现人的资格，他们要想将已经发现的埋藏物隐匿起来，其实也是很容易的。”②

第四节 埋藏物发现后须首先判断有主与否

一、埋藏物与无主物新模式

王利明教授认为，所谓无主物，是指不属于任何人，也未被任何人占有的物。一方面，无主物在法律上无确定的归属。如果某物过去属于某人所有，但后来该人以抛弃方式放弃所有权，也可以适用先占。我国《物权法》没有规定先占制度，主要考虑到对先占规则，如果法律上缺乏必要的限制，很可能导致先占制度被滥用，甚至会导致国有财产的流失，生态环境的破坏。他认为，先占制度在我国仍有适用范围，主要包括：（1）抛弃物；（2）不属于国家所有的野生动物；（3）不属于国家所有的野生植物；（4）其他无主财产。③ 还有学者认为，中国现行民事立法于无主物之权利归属，既

① ［法］弗朗索瓦·泰雷、菲利普·森勒尔著：《法国财产法》，罗结珍译，中国法制出版社2008年版，第506页。

② ［法］弗朗索瓦·泰雷、菲利普·森勒尔著：《法国财产法》，罗结珍译，中国法制出版社2008年版，第506页。

③ 参见王利明著：《物权法研究》，中国人民大学出版社2007年版，第480～482页。

未设置先占取得制度,也未创制取得时效制度,从而于逻辑层面产生两方面问题。其一,从民事权利客体领域排除了无主物存在之可能性;其二,客体之阙如势必引致权利主体之权利阙如。换言之,依现行之立法逻辑,于私权领域并无无主物之存在,私权主体亦无由取得其相应权利,由此导致无主物领域立法之体系缺损与价值缺失。细观中国之立法价值取向,之所以于民法中排除无主物之存在,并非现实生活中不存在无主物,而是为了阻断私权主体获得无主物所有权之通道,从而使公权力主体国家与集体成为无主物之唯一且合法之所有权主体。① 因此,即便在《民法总则》时代,无主物先占也仍绝缘于我国民事实定法。

前文已有总结,对埋藏物制度进行科学化改造,必须精确地回应其与无主物制度之间的关系。而当前理论与立法中存在的“区分适用模式”、“特殊转换模式”以及“先占涵盖埋藏物发现模式”,其核心就在于,对埋藏物制度与无主物制度的对象进行认定。总的来说都存在“缺乏对无主埋藏物的规制”与“难以实现利益平衡”两大漏洞。② 依照本书的论述,如果在以“埋藏性”证成“广义埋藏物”的前提之下,各种所有权状态之下的物,均有可能被埋藏。而当前我国民事立法中的埋藏物制度设计,就缺乏对无主埋藏物的处理规则。换言之,看似清晰的埋藏物制度与无主物制度的界分,事实上并不清晰。

从《民法通则》等规定可以看出,我国的埋藏物虽未直接给出定义,但从实际规则运作上来看,与大陆法系的习惯做法无异,即都认定其为“所有权人无法确定”,逻辑倒推又将其固定在“原先有主”这一条件下。同时,现行法律上的二分法,也只是以“能够确

① 刘云生:《民法典取得先占取得制度之必要性与可能性透视》,载《河北法学》2005 年第 3 期。

② 赖虹宇:《体系化视野下的埋藏物制度检视——以与无主物的关系为中心》,载《北京社会科学》2016 年第 3 期,第 15~24 页。

定”为标准，将发现后的埋藏物分为“能确定所有人的”由该所有人所有，以及“不能确定所有人的”由国家取得所有权。诚然，我国奉行的埋藏物归属公有主义，深受意识形态与社会制度的影响，但从民事法律逻辑来说，奉行的却是“无法确定有主即为无主物”，因此由国家行使主权先占。但是，真正的被埋藏的无主物，无论抛弃物（嗣后无主）还是自然物（自始无主），却因没有相应符合实际的处理规则，而概由国家这一虚位主体取得所有权，这样粗线条的处理规则，不仅无法对发现人权益或者埋藏物环境权利人给予适当关照，更不利于埋藏物重归利用从而实现物尽其用的目的，埋藏物概归国有还使政府由此陷入“与民争利”的巨大争议之中。特别是，当类似于“四川彭州乌木案”这样的案件发生之时，因无法给乌木准确定性，而陷入旷日持久的舆论漩涡。试想，当乌木这种自然世界的出产物，不属于文物、不属于矿产、不属于古生物化石，虽在埋藏环境中被发现却又因“埋藏物必须属于有主物”的法律习惯而将其排除在适用范围之外时，巨大的法律空白无疑给这样的争议增添了复杂性。

事实上，无论是借鉴其他国家的“有限取得所有权主义”还是“报酬请求权主义”，给埋藏物适当定性，或者进行“理论松绑”显得尤为重要。《意大利民法典》中对埋藏物的定性，尤其值得注意，即“埋藏物是某一隐藏或者埋藏在地下的、任何人都无法证明自己是物品所有人的、有价值的动产”。其中，“任何人都无法证明自己是物品的所有人”这一限制性条件，较之“所有权人无法确定”更为细密和完善，前者准确地涵盖了原先有主而现在无法判明所有人的所谓“有主物”，同时也通过“无法证明自己是物品的所有人”而有效地覆盖了“无主物”，包括被埋藏的抛弃物，以及被埋藏的自始无主物。这样的规定，不同于发现人或有关机关主动去判断所有权人究竟是谁，而改成发现人和相关权利人来等待可能的所有权人来主张、来验证，当任何人都无法证明自己是物品所有人时，再对该埋藏物进行所有权归属和分割，无疑具有更大的科学性和实用性。

因此，本书主张以全新的“埋藏物规则部分覆盖无主物模式”来重新建构埋藏物与无主物的制度关系。其要点在于：埋藏物发现对有主或无主的认定，以埋藏状态为界，区分埋藏前（原）—发现后（现）两个时间节点，发生“原有主—现有主”“原有主—现无主”“原无主—现有主”“原无主—现无主”四种组合。其中第三种组合现实中不会出现，在此不赘。根据埋藏前之状态区分“有主埋藏物”与“无主埋藏物”，结合前述情形逐一讨论。

二、有主埋藏物的归属判断

我国《民法通则》第 79 条第 1 款规定，所有人不明的埋藏物、隐藏物，归国家所有。同时，《民通意见》第 97 条规定，公民、法人对于挖掘、发现的埋藏物、隐藏物，如果能够证明属其所有，而且根据现行的法律、政策又可以归其所有的，应当予以保护。因此，我国立法对埋藏物的归属，作出了两种判断：第一，发现埋藏物—无法判明—无主物—国家所有；第二，发现埋藏物—公民、法人能够证明所有—归其所有。也就是说，当发现的埋藏物能够确定有主和所有权人的，当然该物的所有权归属于所有权人或其继承人。

有学者认为，对这一规定的适用须同时具备三项意见。“其一，须能确实提供证据证明埋藏物、隐藏物属其所有。不能提供证据或所提供的证据无法证明埋藏物属其所有的，该埋藏物所有权即归国家所有。其二，该埋藏物须确实‘属其所有’。即埋藏物、隐藏物须是对埋藏财产确实享有所有权，且埋藏、隐藏行为系合法行为。反之，如埋藏、隐藏的财产不属于埋藏人、隐藏人所有，或埋藏、隐藏行为为非法行为的，则不予保护。其三，根据现行法律政策，该埋藏物须是可以归其所有的才予保护。如埋藏物是鸦片、枪支或弹药的，依现行法律政策则不能归其所有，从而亦不予保护”。① 另有学者认为，埋藏物的发现作为动产所有权原始取得的方式之一，不应存在国家或发现人将所有人明确的“埋藏物”返还所有的人的情形，因为这与原始取得应该使该物让其他负担归于消减的本质属性不符，而且此种做法也不利于财产关系的稳定，以及物的效用的发挥。因此，我国的埋藏物发现制度应当取消这种两分法，将埋藏物统一确定为所有人不明之物。②

本书认为，“埋藏”系属一种事实状态，在埋藏之物被发现之前，并不当然知道该物具体属于什么类型，是有主还是无主。也就是说，本章论述的基础就在于对埋藏物采取广义的定义方法，即“一切被埋藏或包藏在他物之中，不易为外部察觉的物”均为埋藏物。通过发现行为发现埋藏物之后，再根据该埋藏物的种类、性质、有主或无主来配置不同的法律规则，最终实现物尽其用与利益均衡。我国法律上现行的埋藏物发现制度肯认两分法，具有一定的合理性，因为即便是对“所有权人不明”的分析也是对埋藏物的有主或无主状态进行判断的结果，而非前提。有论者主张的抛弃两分法的建议，实际上是过于看重从结果意义上对典型意义上的埋藏物即传统的“狭义埋藏物”进行所有权归属，而忽略了判断与分析的过程。事实上，进一步来看，现行法律规定下，对于能够判定埋藏人即所有人的情况下，仍区分不同情形。首先，能够判定埋藏人，且埋藏物不易为他人发现，发现人可以不挖取埋藏物，并将埋藏物继续掩埋好，且将发现情况告知埋藏人。其次，能够判定埋藏人，且埋藏物易为他人发现，发现人可依前种情形处理，也可以

---

① 陈华彬：《埋藏物发现的若干问题》，载《法学研究》1995 年第 3 期。

② 参见齐欣：《试论我国埋藏物发现制度的完善》，载《安阳大学学报》2003 年第 4 期。

将埋藏物挖出，交还埋藏人。① 根据该种处理方法，根本不涉及发现人的所有权主张，也较好地兼顾了该埋藏物真正权利人的利益。

另外，根据传统的埋藏物发现理论，埋藏物系属原先有主而现在的所有人不能判明的情况。在罗马法上，“埋藏物是指任何自远古时代就被隐藏的可动物，因而任何人再不能声称对它拥有权利，因为它的所有主不仅无法查找，而且确实是不存在的”。② 所谓所有权归属不能判明，则应就物之性质、埋藏之状态、埋藏之时日等客观情形予以认定，而非以发现人之主观认识为判断标准。③ 埋藏物的落脚点在于“所有权归属不能判明”。“所有权不明”包含两层含义：其一，从埋藏物的性质、存在的状态、社会观念等因素出发，可推知其曾为人所有，现在仍为此人或其继承人所有，但所有人是谁难以确认或寻觅。其二，该埋藏物的所有人根本无法确认，即其所有权归属不能判明。我国《民法通则》即采第二种含义。埋藏物的发现作为动产所有权原始取得的方式之一，不应存在国家或发现人将所有明确的“埋藏物”返还所有的人的情形。故埋藏物的内涵界定为“所有权归属不能判明”之物，并非所有人难以确认，而是根本无法确认，埋藏物的所有权归属无法判断、明确。④

因此，所有权不能判明在客观上可能包含多种情形，主要指该埋藏物原先有主，现无法判明。这种情况下的无法判明如前所述是“根本无法判明”，包括无法判明是否有主，以及无法判明所有人究竟为何人。客观上包含的多种情形，如表 5-2 所示。

---

① 参见扈纪华著：《物权法知识读本——理解与适用》，研究出版社 2007 年版，第 149 页。

② [意]彼德罗·彭梵得著：《罗马法教科书》，黄风译，中国政法大学出版社 2005 年版，第 152 页。

③ 参见陈华彬：《埋藏物发现的若干问题》，载《法学研究》1995 年第 3 期。

④ 参见沈芯吉：《埋藏物制度研究》，西南政法大学 2007 年硕士学位论文，第 11 页。

表 5-2　有主埋藏物的归属

<table>
<tr><td rowspan="5">埋藏物</td><td>所有人确定</td><td colspan="2">原有主,现有主</td><td>借鉴现有规定,归还</td></tr>
<tr><td rowspan="3">所有权归属无法判明</td><td rowspan="2">原有主,现无法判明是否有主</td><td>A. 现客观上有主(无法直接判明)</td><td>本属遗失物,但无法判明,按埋藏物规则</td></tr>
<tr><td>B. 现客观上无主(无法直接判明)</td><td>本属抛弃物,但无法判明,按埋藏物规则</td></tr>
<tr><td colspan="2">C. 原有主,可判明现有主,但所有人为谁不明</td><td>狭义埋藏物</td></tr>
<tr><td>埋藏无主物</td><td colspan="2">原无主,现无主</td><td>埋藏的自然物</td></tr>
</table>

第一,若发现物原先有主,发现后亦能确定有所有权人或继承人,则可延续借鉴现有法律规定,将其返还权利人。

第二,发现人能够确知该物曾经属于所有人明确的物,但此时无法判断该物所属何人或是否属于有主。在这种情形下,仍可能在客观上存在两种情况:

首先,原先有主,现在在客观上可能也是有主的,但是无法判明,亦即表 5-2 中的 A 情形。这种情况下,该物可能属于遗失物,亦可能属于遗忘物。因此,时该所有人是谁无法判明,更无法探究该所有人的主观意思。就遗失物而言,其与埋藏物主要区别在于:(1)遗失物非基于占有人之意思而丧失占有,埋藏物则在埋藏之际未必出于丧失占有,且多系有意;(2)遗失物非隐藏于他物之中,埋藏物则必隐藏于他物之中;(3)遗失物可能在易见之处,埋藏物本质上不可能在易见之处;(4)遗失物有时可知其所有人或系所有人所在不明,埋藏物的所有人必不明。遗失物和埋藏物在一定条件下可以相互转换,“遗失物如经埋藏,或埋藏物日久暴露于外时,是否仍为遗失物或埋藏物自非无疑。按埋藏物之重要特质在埋藏他物之中以及所有人不明,是以遗失物如经埋藏于他物之中,除可知其所有人(包括所有人所在不明),仍可认系遗失物外,已成为埋藏物;反之,埋藏物如已暴露于外,则称为遗失物”。[①] 由此可知,当行为人在他物中发现某物,而该物系属原来有主,现在亦有主(包括所有人所在不明),该物仍为遗失物,本应将该物依照拾得遗失物的相关规则进行处理。但此时只是假设该物有可能属于原有主现在亦有主(包括所有人所在不明),但讨论的前提是,此时发现人无法判明是否有主,则仍须按照发现埋藏物的规则进行处理。正是由于实践中难以判定主体对占有的丧失是有意的还是无意的,在埋藏物与遗失物不能判明时,应推定为埋藏物。[②] 之所以未直接推定为无主物,正是基于埋藏物之首要特性“埋藏性”发挥的制度框定作用。

其次,原来有主而在客观上现在无主,但现在仍然无法判明的情况下,即表 5-2 中的 B 情形。该物仍可能属于抛弃物。抛弃物一般被认为是无主物,属于无主物先占取得制度的对象之一。虽然先占制度在我国法律上并未明确规定,但现实生活中对于抛弃物(如垃圾等)的拾得并由此取得所有权的情形大量存在。若能判明该原先有主的发现物现在无主,则可以依照抛弃物处理。但此时发现人因为无法判明该物是否有主,且已埋藏于他物之中,依据符合标准,也应按照发现埋藏物的规则处理。

第三,原来属于有主物,现在亦可知其可能有主,但所有人为谁无法判明,即表 5-2 中的 C 情形。这种类型的埋藏物至为典型。例如某甲在挖掘地基时,发现一坛封口完好、包裹严密的钱币,坛面上刻有字迹称为民国某年某乙所埋藏。可知该钱币原为有主物当无疑义,从坛面字迹分析亦存在某乙尚有继承人的可能性,但该某乙无人知晓是谁,更无从探知其继承人为谁,且经过法定程序亦

---

① 谢在全著:《民法物权论》(上册),中国政法大学出版社 2011 年版,第 302 页。

② 参见屈茂辉:《论完善我国发现埋藏物制度的几个问题》,载《云南法学》2000 年第 1 期。

无其他人提出证据证明其是该坛钱币的所有人。此时发生所有人无法判明的情况。则该发现人有权提出所有权主张。

综上所述,原先有主的埋藏物系属埋藏物发现的典型情形。基于埋藏性与不能判明两大维度,可完整适用埋藏物发现制度。唯需特别注意的是,权属状态是发现后的结果,而非逻辑预设前提,因此,客观上会发生埋藏物发现覆盖遗失物(现有主物)、抛弃物(现无主物)的情况。

三、无主埋藏物的归属依据

无主埋藏物系指被埋藏之无主物,对其规制是埋藏物制度漏洞填补的重点。从逻辑上推断,即无主物是可以明确判断无主的物,这一点不同于埋藏物的"所有权归属无法判明"。同时,无主物主要包括两种类型:一为原来有主而现在无主,即抛弃物;一为自始无主,大多是特别法规定的国家珍稀动植物之外的野生动植物。现有的三种关系模式,均无埋藏物覆盖无主物的情形。但本书赞同埋藏物制度可包含部分无主物,即"埋藏物规则部分覆盖无主物模式"。

虽然无主物先占制度与埋藏物发现制度同为动产所有权的设立方式之一,但"无主"是对一个物所有权归属状态的判断,是一个法律上的判断。而"埋藏"作为一种客观事实,在现实中广泛存在,"无主的物"亦完全有可能处于"埋藏"环境中。从理论逻辑上来推论,将先占取得的对象限定为"无主物",而将埋藏物发现制度的对象限定为"有主物",确实对于区分这两种所有权取得制度有一定程度上的合理性,但无主物与所有权不能判明之物,确实也存在不易区分的特点。例如,当行为人发现某一埋藏物时,即便并非自始无主的物,行为人也很难判断出其究竟是抛弃物还是遗失物,因为此时难以判定主体对占有的丧失是有意的还是无意的。众所周知,若属于抛弃物,按照传统理论,则应当适用先占制度取得所有,但该物明明白白的又是从埋藏状态下被发现的,实际上也满足狭义埋藏物的构成要件。这不能不说是一个理论和实践的难题。

自始无主的物,能否为埋藏物制度所调整呢?自始无主的物,顾名思义原来无主,现在亦无主,大多属于自然物,亦即不属于特别法调整的野生动植物。传统学说上认为,埋藏物非为无主物,无主物不适用此制度。且无论无主物与所有权人无法判明的物在实践中难以区分,本书仍有不同看法。

第一,所有权人不明确,是发现埋藏物之后判断的结果。也就是说,虽然实际情况多种多样,但"所有权人不明"是判断的结果而非判断的前提,从逻辑上并不能排除该物属于无主物的可能性。"埋藏物、隐藏物所有权人不明确,是指曾经有过所有权人但目前所有权人是谁并不明确或者该物从未属于任何人所有。"①

第二,根据前文的分析亦可得知,本身属于无主物种类之一的抛弃物,仍然可能因为无法判明是否有主而为埋藏物制度所调整,无主物事实上已经成为埋藏物发现制度的调整对象。既然抛弃物可为埋藏物制度调整,同为无主物的自始无主物即自然物为何就不能在符合条件时也为之所调整呢?即便在德国物权法上,亦有学者认为,"对第984条中的概念规定不得被过窄的理解。可能从未属于任何人所有的标的物,也属于此类,例如被发掘出来的化石亦即其他古物的发现(但在大部分情况下,州法律上的发掘或者文物保护法对此要加以干预,这些法律经常导致的是国家对埋藏物的经济特权)"。② 由此也可以看出,如矿产、文物等,虽为特别法所调整和规范,但从广义角度其仍为埋藏物无疑。因此,在基于"埋藏性"考虑,也可将自始无主的自然物纳入埋藏物规制范畴。

第三,无主物先占制度毕竟在我国尚未规定,虽在实践中对小微自然物采取先占,但若要对类似乌木这样的价值极高的自然物

---

① 江平著:《中国物权法教程》,知识产权出版社2007年版,第281页。

② [德]鲍尔、施蒂尔纳著:《德国物权法》(下册),申卫星、王洪亮译,法律出版社2006年版,第519页。

进行先占从而获得所有权,恐怕会引起难以估计的后果。本书也正是考虑到规范的指引作用,为防止滥采滥挖,保护生态环境,才设想将此种类型剥离出狭义埋藏物的范畴,从广义埋藏物的角度对这样一种价值极高的、无主的自然物进行类型固定。一方面否定先占适用,而将其纳入埋藏物发现制度中,使发现人与空间权利人共享利益;另一方面在所有权归属上,宜配以不同于二分之一取得的规则,以更好地平衡各方主体的利益。

表 5-3　无主埋藏物的归属

<table>
<tr><td rowspan="6">无主物</td><td rowspan="4">埋藏状态</td><td>抛弃物
(原有主,现无主)</td><td colspan="2">无法判明,推定为埋藏物</td></tr>
<tr><td rowspan="3">自然物
(原无主,现无主)</td><td>价值极高</td><td>如乌木,单独规制</td></tr>
<tr><td>价值一般</td><td>埋藏物发现制度</td></tr>
<tr><td>价值极小</td><td>先占取得</td></tr>
<tr><td rowspan="2">裸露状态</td><td>抛弃物</td><td colspan="2" rowspan="2">先占取得</td></tr>
<tr><td>自然物</td></tr>
</table>

从表 5-3 可知,无主物是一项法律判断,其只包括抛弃物与自始无主物即自然物两种状况。根据其处于埋藏状态还是裸露状态,可适用不同的规则。

首先,在埋藏状态下的无主物,被发现后要进行所有权判断。前已述明,因判断的难度,被发现的客观上的抛弃物也为埋藏物规则所调整。如是自始无主的自然物,则应要区分其价值高低适配不同规则以实现利益平衡。价值极高的自然物,如乌木、陨石等,可通过设立发现人的"报酬请求权"而单独规制,并不赋予发现人所有权利益。价值一般的自然物,则可以适用狭义埋藏物的规则,由发现人与埋藏环境权利人共享所有权利益。

唯对于价值极小的或无必要作出价值分割的埋藏物,如一分钱、被埋藏的乌木枝丫(用于烧柴)等,价值体量小、对埋藏环境破坏小、作所有权利益分割必要性低，制度实现成本远高于发现物价值，发现人可直接予以先占取得。对该部分无主物，虽符合埋藏外观，但基于制度与现实考量，不宜纳入埋藏物规则调整。由此可见，埋藏物规则对无主物的覆盖属于“部分覆盖”。

其次，那些未经埋藏的、处于裸露状态的、易于发现的抛弃物、自始无主自然物，因缺乏埋藏性外观，当属典型的无主物先占规则调整的范围，可依习惯法即事实上的先占而适用。

总而言之，因“所有权归属无法判明”加之“埋藏”的状态特性，将原本可能属于遗失物处理规则以及抛弃物作为无主物先占的处理规则，通通为埋藏物发现制度所包容。从体系逻辑上，也并非如孟勤国教授基于“占有权”假设的那样，由先占制度来包容拾得遗失物制度与发现埋藏物制度。事实上，无主物先占对象限于无主物，而遗失物事实上是有主物，埋藏物制度的对象也大部分属于有主物。相反，埋藏物制度，因为具有“埋藏”这一事实外观，反而能够覆盖有主物与无主物。即无论该物本身是遗失物、抛弃物、无主物还是刻意埋藏的物，在“被埋藏”这一特性上，是共通的，即都有可能基于人力或其他社会事件、自然事件而被埋藏，埋藏的原因力在所不问。正如史尚宽先生所言，“遗失物遗失后即被埋藏者，得成为埋藏物，然苟在于自外部易睹之场所，虽久经年月，仍为遗失物”。[①] 可见，正是“被埋藏”的特征对遗失物的性质进行了覆盖。而被埋藏后极大地阻碍了该物被察觉和探知的可能性，反而给“偶然”发现创造了条件和前提。特别是在长期埋藏的条件下，综合物的性质、埋藏的状态、埋藏时日等客观情形出现“无法判断是否有主”进而“无法判断所有权人为何人即所有人不明”时，则满足了埋藏物发现的条件，从而为埋藏物发现制度所调整。

---

① 史尚宽著：《物权法论》，中国政法大学出版社2000年版，第138页。

第六章　利益型埋藏物发现后的归属与处理规则设计

第一节　利益的区分界定及其差异化处理

对埋藏物发现后进行不同处理的根源在于不同埋藏物类型所凝集的不同价值，同时也与发现行为息息相关。

第一，从埋藏物类型角度来说，不同的埋藏物类型凝结着不同的价值，也代表不同的利益。一般埋藏物属于民事上的埋藏物类型，其上凝结着经济价值以及社会价值，在考虑一般埋藏物的所有权归属时，不得不考虑作为民事埋藏物价值还原的效益与成本。对于一般埋藏物来说，虽然具有社会价值，但仅具有一般而非重大的经济价值，并且一般埋藏物的范围包括在社会生活中出现的各种物，较为常见。其可能影响的仅仅是原物所有人个人的利益,且因发现行为又凝结了发现人与埋藏物环境人的利益,此时国家或政府不宜介入埋藏物关系而主张所有权,陷入“与民争利”的争议之中。而特殊埋藏物则不同,特殊埋藏物大多对于人类的生存、生活、生产具有重大的影响,甚至包含人类整体的发展利益,代表着人类共同体的整体利益,从经济价值上来看也大多具有重大的经济价值。此时如果肯认个人对这些物可以拥有所有权,则必然损害大多数人的利益。同时,特殊埋藏物的价值发挥需要依靠强大的经济实力和技术水平,个人难以达到,由此由政府或国家代表全体人民行使所有权更加有利于物的价值和效用发挥。从违禁型、致害型埋藏物来讲,这类埋藏物大多具有负面的、消极的价值,对社会个体、社会整体以及自然环境等可能造成巨大的危害,国家此时对其应担负起管理与控制的义务,而这样的义务,题中应有之义就在于排除个人对其所有、使用甚至是持有的可能性与合法性,由此最大限度地保证社会整体利益不受侵害。因此,因埋藏物类型的不同,必须采取不同的处理方法。

第二,不同的埋藏物发现行为,影响发现人与权利人的利益分担。首先,民事层面的埋藏物发现,以“偶然发现为原则,计划发现为例外”,大部分民事埋藏物的发现,都是在偶然情况下发生的。同时,这样的偶然发现如果在自己所有的物中,无论偶然抑或出于预定计划都可看作对自己物的使用;但当在他人所有物中而为发现,则必然涉及发现人与埋藏物空间权利人的所有权份额承担与责任分担。在一些国家,例如意大利,当土地上设有永佃权时候,即便依据二分之一规则,也还要考虑永佃权人这一用益物权人的利益。在他人所有物中而为发现若是基于预定计划,则可能涉及是否经过包藏物所有权人同意、是否支付相应报酬等不同情况,而这些不同的情形决定着发现人的发现行为是否善意、是否合法,并最终影响埋藏物发现后的处理。其次,对特殊埋藏物的发现行为,以“计划发现为原则,偶然发现为例外”,这是因为特殊埋藏物具有重大的经济、学术、历史、文化等价值，一般来讲国家对其实行公有主义，即对这些埋藏物的所有权归属均明定为国家所有或政府所有，个人不得提出所有权主张，即使个人基于偶然发现特殊埋藏物如文物，都依照特别法而归于国家。但出于预定计划的特殊埋藏物发现，如探矿权、采矿权、文物发掘权等，无一例外是依附于特殊主体的一种"权利"，而只要是埋藏物开掘，则必然因为对包藏物状态、形态的破坏而影响到包藏物环境所有人、其他权利状态人的权利，还涉及在个人偶然发现特殊埋藏物时发现人利益所需得到的关照。因此，根据实践中埋藏物发现行为的不同情况，需要在埋藏物发现后进行区分处理。

此外，不同的处理理由有利于最大限度提高埋藏物发现的积极性。以我国为例，在我国现行的法律规定下，一般埋藏物在所有权归属上概归国有，发现人与包藏物所有人无法主张所有权份额；在特殊埋藏物的探寻与挖掘上，个人无法提出所有权主张，在奖励方式上更加注重精神奖励，物质奖励不仅序列靠后而且奖励程序、数额等均不具体详尽。发现或挖掘埋藏物，一是发现人的发现行为使该物重新回归社会重归利用，实现了价值还原，同时发现行为本身也凝结了发现人的利益。"这里决定性地取决于——与在拾得权中不同——发现。该功绩应得到物权法上的回报。对物照管的思想在这里不予考虑。"①二是发现人在此过程中可能耗费大量的物质和精神投入，发现可能消耗成本。三是包藏物权利人即埋藏物环境所有人和相关权利人在埋藏物发现过程中，其包藏物受损或功能发挥受影响，其正当权益遭受损害。因此，当埋藏物发现的规则设计不尽合理之时，根本不利于提高发现人合理合情合法地发现埋藏物，不利于包藏物环境人给予发现人合理有效的配

① ［德］鲍尔、施蒂尔纳著：《德国物权法》（下册），申卫星、王洪亮译，法律出版社2006年版，第519页。

合，最终不利于促进物的重归利用与社会的财富增加。相反，如果恰当分析和评估实践中出现的不同情况，在立法过程中进行精细化立法，对不同的情形适配不同的规则，便能有效兼顾各方利益，从而解决上述问题。

不同的利益界定，决定了不同的制度设计，从而通过法律实现对利益的再分配。以狭义的利益型埋藏物为例，基于广义埋藏物语境，被埋藏之物的所有权属性，是发现后的判断问题，而并无作为埋藏物制度构成要件的必要。但它关系到被埋藏之物真正的物权权利人确定，以及物的最终归属。然而，发现人在发现埋藏物时，特别是偶然发现时，并不确知该埋藏物是有主还是无主，因此，当经过一定的方式和程序确定埋藏物的物权状态后，有主与无主埋藏物则直接关系到发现人的利益保障。也就是说，发现有主埋藏物与发现无主埋藏物，对发现人而言，则具有不同的利益界定。

第一，对于发现有主埋藏物而言，此时发现人必然不能获得该埋藏物的所有权，无论是全部所有权还是部分所有权。也就是说，当发现人发现有主埋藏物之后，发现人的发现利益构成中并不具有物权主张这一成分。需要强调的是，此处之“有主”强调的是被发现当时该物的所有权状态，而非历史状态。相反，当埋藏物系属有主时，发现人或有关机关还应当担负相应的返还义务。最高人民法院《关于贯彻执行〈中华人民共和国民法通则〉若干问题的意见（试行）》第93条规定，公民、法人对于挖掘、发现的埋藏物、隐藏物，如果能够证明属其所有，而且根据现行的法律、政策又可以归其所有的，应当予以保护。也就是说，当发现的埋藏物能够确定有主和所有权人的，当然该物的所有权归属于所有权人或其继承人。有学者认为，埋藏物的发现作为动产所有权原始取得的方式之一，不应存在国家或发现人将所有人明确的“埋藏物”返还所有的人的情形，因为这与原始取得应该使该物让其他负担归于消减的本质属性不符，而且此种做法也不利于财产关系的稳定，以及物的效用的发挥。因此，我国的埋藏物发现制度应当取消这种两分法，将埋藏物统一确定为所有人不明之物。① 本书认为，此种认识仅从理论上进行逻辑推导而忽略了实践中的具体情况，并且物权关系不仅要求发挥物的效用，也要求定分止争，明确物的归属。事实上，学者的立论点在于如果是所有权明确的被埋藏之物就不适用于埋藏物发现制度，这一观点本身没有问题，但作为埋藏物制度适用构成要件的“所有人不明”，本身并非存在一个显见的外观可供人迅速判明，相反还是一个需要经过判断，甚至利用推定技术予以明确的过程，有主埋藏物的返还与处理在当前立法状态下，严格说来并未适用埋藏物发现制度。而在“广义埋藏物”作为制度设计根本的前提下，基于体系化的制度设计必要，应将有主埋藏物的返还与处理程序在立法中予以明确。

对于能够判断有主的埋藏物，对发现人来说，发现人利益总体上可总结为具有一个义务与一个权利。所谓一个义务，就是指当发现人确知埋藏物系属有主时，应当负有返还所有人的义务。所谓一个权利，则是指发现人在向所有人返还埋藏物时，有请求适当报酬的权利。根据埋藏物所有权归属的主体不同，可以分为“向个人请求”与“向国家请求”，区分的关键在于，行为人所发现的埋藏物属于狭义的一般埋藏物，还是属于特殊埋藏物。对于发现狭义的一般埋藏物而言，若该埋藏物经判断可知属于有所有人的，则发现人须向所有人或其继承人返还埋藏物，所有人应当支付发现人为此支付的合理费用和适当报酬，包括公告的费用、储藏保管的费用、运输的费用以及一定的劳务报酬。② 但当发现人发现的是特殊埋藏物，包括文物、矿产资源、古生物化石等，则该类型的埋藏物因

① 参见齐欣：《试论我国埋藏物发现制度的完善》，载《安阳大学学报》2003 年第 3 期。

② 参见沈芯吉：《埋藏物制度研究》，西南政法大学 2007 年硕士学位论文，第 34 页。

法律的直接规定归属于国家,属于法定的国家所有权,则发现人必然不能取得所有权,但可以请求报酬。以文物为例,因为文物自身具有特殊性,其价值不仅仅限于经济方面,因此,各国法律均将其规定为限制流通物,一般不能由个人自由取得所有权,但可取得相应奖金。我国现行《文物保护法》对此并无具体明确的规定,但为了埋藏物制度的体系完备,应在埋藏物法规中具体列明。为了调动发现人和包藏物所有人保护、上报、上交文物的积极性,文物接收单位应当按文物价格的一定比例给付报酬金,即发现人享有报酬请求权。①

第二,对于无主埋藏物而言。所谓无主埋藏物,并非指埋藏物是无主物,严格说来是指"任何人都无法证明对该埋藏物享有所有权",事实上可能包括自始无主物、嗣后无主物与权属不明物,所谓"无主"的判断系以发现时为准。如前所述,对于埋藏物的所有人无法判明的判断,本身也要经过一定的方法和程序。例如,经过公告期间,任何人都无法证明自己是该物的所有权人,则要适用埋藏物发现制度,由发现人取得埋藏物的所有权,至于是全部还是部分所有权,则有赖于具体的立法设计。而这正是埋藏物发现制度的核心,也是发现人发现无主埋藏物之后的利益关键所在。也就是说,当发现人发现埋藏物,并经一定期间确定该物所有权人不能判明之后,发现人的发现利益就表现在可以主张对该物的所有权,即使埋藏物的所有人以后出现,也不能再享有所有权了。因为发现人取得埋藏物的所有权系出于法律的直接规定,性质上属于原始取得。因此,埋藏物上的一切负担均于发现人等取得埋藏物所有权之时消灭。如果公告期满,发现人依法取得埋藏物的所有权后,所有人才向发现人要求埋藏物的所有权的,法律不予支持。②

---

① 沈芯吉:《埋藏物制度研究》,西南政法大学2007年硕士学位论文,第36页。

② 沈芯吉:《埋藏物制度研究》,西南政法大学2007年硕士学位论文,第34~35页。

第二节　发现民事埋藏物的归属规则

一、狭义埋藏物的价值区分规则

虽然大多立法例并未明确规定“价值性”，但适用埋藏物发现制度的埋藏物须有价值实际上不言自明，否则无法阐释发现人利益保护的逻辑起点，也使发现人与包藏物环境人各取一半的规则失去制度价值。

对于一般埋藏物而言，由于其可能基于人力、自然事件、社会事件而被埋藏，从物的种类和范围来讲，只要是动产即可。也就是说，可能覆盖自然社会、人类社会的各种动产，因此从价值特别是经济价值角度来考量，可能从微小价值跨越到极高的价值。对一般埋藏物进行价值区分，目的在于明确各种不同埋藏物的立法定位，适配不同的规则，实际上也是回应社会生活对埋藏物发现制度精细化立法的需要。因此，笔者认为，狭义埋藏物可根据价值作出区分，如表 6-1 所示。

表 6-1　狭义埋藏物的价值区分规则

<table>
<tr><th></th><th>价值极高</th><th>价值一般</th><th>价值微小</th></tr>
<tr><td>自然出产物</td><td>价值极高的自然物，如巨型乌木、陨石</td><td>狭义埋藏物，如古树根、零碎乌木等</td><td>狭义埋藏物，如树枝、柴木等</td></tr>
<tr><td rowspan="2">社会出产物</td><td>A. 狭义埋藏物，如一大箱黄金白银</td><td rowspan="2">狭义埋藏物，范围和种类广泛</td><td rowspan="2">狭义埋藏物，如一元硬币等</td></tr>
<tr><td>B. 符合条件的，属于文物</td></tr>
</table>

价值极高的物，可因来源不同而略有不同。若来源于自然出产物，则属于价值极高的自然物，常见类型为巨型乌木、陨石等，对

其适用发现人报酬请求权主义。若来源于社会出产物，则可能属于两种情况：一是符合文物的认定条件，从而属于文物，对其所有权归属依照特别法的规定归于国家，发现人享有报酬请求权；二是不属于文物，但价值巨大，如一大箱黄金白银等，此时也适用埋藏物发现的一般规则，在经过公告和认领程序后由发现人取得所有权或发现人与空间权利人各取一半。

一般价值型埋藏物，即价值一般的埋藏物，普遍来说即是可以适用埋藏物发现制度从而确定埋藏物所有权归属的埋藏物类型。在这种情形下，制度成本价值小于该物的自身价值，对其应当适用发现埋藏物的一般规则，也就是发现人取得所有权主义，依照发现时空间的不同来决定发现人取得全部还是部分所有权。

价值微小的埋藏物，即小微埋藏物，并非从物的外形和体积来定义，而是从价值角度予以评价，也就是说，无论体积大小，仅具有极小的价值。所谓极小，就是从一般社会经验出发，发现人通常不会愿意花费时间、精力、金钱等成本去履行公告或认领程序。对于小微埋藏物而言，制度成本价值大于该物的自身价值，因此若简单规定仍然适用埋藏物发现的处理规则，如公告、认领程序等，则过高地估计了人们的思想意识觉悟，也根本不符合“经济人”的行为心理。对于这样的小微埋藏物，应当允许发现人取得所有权。例如，一枚一元钱的硬币等。更有代表性的，则是四川等地农民对于乌木枝丫等的捡拾或者挖掘，从而用来满足日常生活，如烧柴等，由于其价值低廉，虽然我国法律上没有明确规定先占制度，但也作为习惯法在适用。对小微埋藏物作出允许发现人直接取得所有权的规定，符合实践和逻辑，也避免国家“与民争利”。新近的研究则表明，当前我国的民法典编纂过程中，继续选择性忽视无主物先占规则在实定法上的确立，事实上是欠缺合理性的，应当在严格规制的基础上对其进行体系化设计。其中，学者就主张对于“生存保障型先占”进行立法规定，而区别于“发展积累型先占”，并同时主张“要认定陨石、乌木与狗头金等可为私人自由先占，占有人须证明其占有目的与用途仅为日常生活与生产。”[①]这一观点与本书主张不谋而合，只是本书主张以价值作为区分标准，而该学者则以功能为区分标准。但事实上，两者存在一定的对应性。

二、狭义埋藏物发现人所有权取得

（一）发现自由主义的不可取性

发现自由主义，亦即先占自由主义，指不区分动产和不动产之不同，而取得其所有权的法律事实。[②] 当然，在对埋藏物发现制度进行讨论时，将讨论对象限定为动产当无疑义。有学者将埋藏物作为无主物进行定义，认为无主物是指没有所有人或所有人不明的物，将无主的埋藏物与隐藏物涵盖其中，因此，再交由先占制度来实现对无主埋藏物所有权的取得，即指因单方事实行为而取得动产的所有权。[③] 有学者提出了更为具体的主张，认为埋藏物、隐藏物一般是动产，动产适用先占权利主义归属国库在世界关于先占取得的立法例上是少见的，建议对价值不大的埋藏物、隐藏物归属于先占者个人，利于调动积极性和充分发挥物的效用。至于价值大小的界限，可在司法解释中具体规定。[④] 对于先占制度涵盖埋藏物，亦有论者认为，“先占在现代社会能适用的机会本来已经大大减少，基本上只有抛弃物。依传统理论，抛弃物与遗失物难以区分时必须适用拾得遗失物的规定，那么先占就已失去了最后一块

---

① 张力：《先占取得的正当性缺陷及其法律规制》，载《中外法学》2018 年第 4 期，第 883~909 页。

② 参见梁慧星著：《中国物权法研究》，法律出版社 1998 年版，第 527 页。

③ 参见张俊浩著：《民法学原理》，中国政法大学出版社 2000 年版，第 432~433 页。

④ 参见文海兴、王晓光：《论无主物的先占取得》，载《中南政法学院学报》1992 年第 4 期。

领地,架空了的先占制度还有多少实际价值?无人认领的遗失物和埋藏物既然在实际上没有主人,就大可不必在法律上穿凿附会地认定它们是有主物。承认它们是无主物,不仅在证据学上合理,更可以解决拾得人和发现人取得所有权与标的物是有主物之间的矛盾。所有权受法律保护的民法基本原则,不必再为拾得物和遗失物开一个口子”。①

笔者认为,对埋藏物适用先占自由主义并不足取,理由如下:

第一,埋藏物制度与先占取得制度、拾得遗失物制度,是大陆法系民法中关于动产所有权原始取得的几种方式。“民法于动产所有权一节却专就善意取得、先占、遗失物之拾得、埋藏物之发见、添附等五种现实工商社会中,均非常见之取得原因而为规定”,“一是此五种取得原因均属动产所有权之原始取得,上述常见之动产所有权之取得均为继受取得,法律已另设规定”,除善意取得之外的“其余四种取得原因均属事实行为,乃人类早期农渔猎社会取得动产所有权之重要手段,故有其固有之意义,在现代社会中虽不复有往日之光彩,然此种法律规定,却具有重新配置其所有权归属之作用,且在先占、遗失物拾得、埋藏物之发见并具鼓励占有人回复其物之经济价值,且足以解决当事人之纷争,借保社会之和平秩序”。② 也就是说,先占制度、拾得遗失物制度、埋藏物发现制度各有其制度价值,虽在调整对象等方面存在交叉和模糊的情况,但不可抹煞几种制度的固有价值,而由先占制度将其同一。另外,在我国先占制度,实际适用范围如此之狭窄甚至在法律中并无明文规定而以习惯法姿态存在的情况下,由先占制度统摄其他,将无主物的所有权取得盖由其调整,合理性阙如。

① 冯桂、李晖:《论先占制度适用的可扩展性》,载《西南政法大学学报》2003年第3期。

② 谢在全著:《民法物权论》(上册),中国政法大学出版社2011年版,第270页。

第二,先占自由主义并未适当考虑社会现实。以“彭州乌木案”为例,乌木具有极高的经济价值,吴高亮发现的乌木被认为属于价值千万的金丝楠木,对于乌木这种自始无主之物,仍允许发现人基于先占而自由地取得全部所有权,实在是难谓妥当。更何况乌木实际上是处于埋藏状态,由埋藏物发现制度予以调整当属题中之义。如前文所述,即便是认为将埋藏物、隐藏物肯认为无主物从而可由先占制度涵盖的学者,亦在规则细化中,将被发现的埋藏物按照价值大小进行区分,仅对价值较小的埋藏物主张由发现人取得所有权。①

第三,先占自由主义适用对象上难以全面覆盖。仍以“彭州乌木案”为例,即便从法理上来探讨,亦存在障碍。《意大利民法典》第923条规定,可以通过先占取得不属于任何人所有的动产。而“不属于任何人所有的动产”是指抛弃物以及可以猎取或者捕捞的动物。显然,这个“不属于任何人所有的动产”不能适用于吴高亮发现的乌木,因为这批乌木谁也不可能认定其为抛弃物。所以,吴高亮主张对这批乌木适用先占原则,并没有理论依据。②

第四,先占自由主义容易造成规则的不当指引。埋藏物发现,特别是一般狭义埋藏物的发现,大多基于偶然。一个显而易见的道理在于,偶然得来的利益不能简单地由个人分享,民法的价值中虽崇尚私权神圣,但如果法律规则设置不当,也容易不当地鼓励私利。如果对埋藏物鼓励发现并自由取得所有权,特别是不区分发现物价值的大小,而概由发现人取得所有权,则增加了行为人获取暴利或偶然利益的欲望,这种制度刺激将偶然发现变成经常性发现,则改变了埋藏物发现的制度取向与内涵,偶然发现可能发展

① 文海兴、王晓光:《论无主物的先占取得》,载《中南政法学院学报》1992年第4期。

② 王建平:《乌木所有权的归属规则与物权立法的制度缺失——以媒体恶炒发现乌木归个人所有为视角》,载《当代法学》2013年第1期。

成行为人计划性的甚至是故意的盗挖盗掘，不仅会破坏他人的包藏环境从而影响包藏物权利人的利益，同时还可能造成严重的社会秩序和环境秩序混乱。相反，法律更应该鼓励人们通过辛勤劳动或投资获取利益，对于埋藏物发现这种事实行为，要对发现人将物重归利用的权益进行保护和表彰，也要抑制行为人的私欲膨胀，法律不应当简单地规定埋藏物的利益归属于发现人独自享有。

第五，更为关键的是，先占自由主义的规范基点，即先占取得在我国民法上并无规范依据。无论是《民法通则》《物权法》还是本次民法典编纂中，先占自由主义都并未成为立法中的具体制度。申卫星教授曾言，将"无主物先占"原则排除在《物权法》之外，违反法学之体系化思想，且错误地用某个条文、原则被争讼之频率，作为其存在基础。并认为，因为晦涩难懂且实用性不大，因此，未被纳入。① 而梁慧星教授等人则认为，"无主物先占原则没有被纳入物权法，是因为担心可能导致国有财产流失，并鼓励不劳而获"。②

（二）发现人部分取得所有权的合理性

近现代大陆法系国家和地区，大多设有埋藏物发现制度，且从规定上来看，调整对象主要就是本书所定义的狭义埋藏物。狭义埋藏物发现后的归属规则，究竟应采何种立法主义方为妥当？

首先，将发现人部分取得或有限取得所有权，作为在他人之物中发现埋藏物时的归属原则。近现代大陆法系国家和地区，大多在其法律中确定了发现人对埋藏物的有限取得主义。如法国、德国、日本、意大利等国家及我国台湾地区均设类似规则，但又各具特色，有所区别。在我国进行民法典制定或物权法修改时，在精细化立法的路径选择中，发现人有限取得所有权主义，即发现人在他人所有物中发现埋藏物后，由其与包藏物所有人均分埋藏物所有

① 参见申卫星著：《物权法原理》，中国人民大学出版社2008年版，第221页。
② 梁慧星、陈华彬著：《物权法》，法律出版社2010年版，第222页。

权，仍然是狭义埋藏物主要的归属规则。

发现人取得所有权主义，在法国、德国等立法例业已存在并运行良好，多有学者认为应效仿之。理由在于：①首先，埋藏物不同于遗失物，其所有人不明，往往难以查证。因此，在无人认领的埋藏物上，不会存在发现人与所有人的利益冲突。因此，使发现人取得无人认领的埋藏物所有权，也就不会损害所有人的利益。其次，确立发现人取得主义更符合社会生活的实际情况，即符合发现人获利之主观心理，如强制发现人上交埋藏物，势必出现发现人秘密隐藏埋藏物以摆脱法律之束缚的情形，这种情形若频频发生则会导致有法不依，进而有损于法律的尊严。最后，发现人取得主义有利于物尽其用，充分发挥财产的效用。在公有主义之下，无人认领的埋藏物归国家所有。若发现人隐匿该物，则一方面国家不能占有所有权，进而无法对其加以支配；另一方面发现人不能享有该物的所有权，其对埋藏物的秘密占有，也限制了发现人对该物的充分支配。反之，若使发现人取得所有权，其必然会充分利用埋藏物的财产效用，物之价值得以发挥，社会财富亦得到增长。

发现人取得所有权主义，并非发现人必然取得全部所有权，在可资借鉴的传统大陆法系国家如法国、德国民法中，都不曾如此直接规定，而是在他人物中发现时，赋予发现人有限取得所有权。通过对法国、德国、日本、意大利及我国台湾地区相关规定的借鉴，可知发现人取得所有权主义这种肇始于罗马法的立法设计，是将埋藏物环境人的利益考虑其中的。也就是说，当发现人在自己所有之物中发现埋藏物，则可取得埋藏物的全部所有权，在他人所有之物中发现埋藏物，则发现人与包藏物所有人各取得埋藏物所有权

① 参见梅夏英著：《物权法所有权》，中国法制出版社2005年版，第261～262页。转引自韩松、姜战军、张翔著：《物权法所有权编》，中国人民大学出版社2007年版，第405页。

的一半。在这里立法的中心不是发现埋藏物本人,而是埋藏物埋藏在何处,也就是对于埋藏物形成的土地——“埋藏物空间固定”或者“埋藏物环境”因素的存在。这当中,发现埋藏物的人固然功不可没,但是,他是在他人土地上发现的埋藏物,于是,埋藏物发现人也不应该取得埋藏物的全部权利。其正常的逻辑推演是:任何人不应该在他人土地上随意发现埋藏物,哪怕是偶然的发现。①

在我国历次民法典编纂与物权法制定过程中,数个专家意见稿,都承袭了大陆法系中的立法传统,主张设定发现人的有限所有权。例如,在梁慧星教授主持的物权法研究课题组制定的中国物权法草案②以及其后的《中国民法典草案建议稿:物权编》,③王利明教授主持的《中国物权法草案》,④徐国栋教授主持的《绿色民法典草案》⑤和中国政法大学最新的民法典物权编专家意见稿,⑥都将“二分之一规则”或“发现人与所有权人均分”作为狭义埋藏物发现后的基本规则予以规定。

但我国当前立法,包括《民法通则》,以及正在编纂制定的民法典物权编,都仍在坚持将埋藏物一律归属国家所有的立法主义。与之相较,发现人有限取得埋藏物所有权主义,恰当地考量了近现代市民社会中人的思想意识觉悟的程度及对利益的要求,基于此

① 参见王建平:《埋藏物乌木发现者权益的立法逻辑比较分析》,载《西南民族大学学报(人文社会科学版)》2013年第1期。

② 参见中国物权法研究课题组编,梁慧星主编:《中国物权法草案建议稿附理由(第二版)》,社会科学文献出版社2007年版,第344页。

③ 参见梁慧星主编:《中国民法典草案建议稿附理由:物权编》,法律出版社2013年版,第286页。

④ 参见王利明主编:《中国物权法草案建议稿及说明》,中国法制出版社2001年版,第24页。

⑤ 参见徐国栋主编:《绿色民法典草案》,社会科学文献出版社2004年版,第332页。

⑥ 参见李永军、刘家安、翟远见等:《中华人民共和国民法物权编(专家建议稿)》,载《比较法研究》2017年第4期,第178~204页。

而对人的行为提出了适宜的要求。埋藏物一律归国家所有，不承认发现人得有限取得埋藏物所有权的立法下，则显然拔高和夸大了现代市民社会中人的思想意识觉悟之程度，忽略了市场经济条件下人对利益的要求，过高地估计了人的自觉性，并由此对人的行为提出了统一的不恰当的法律要求。

鉴于此，应建议变更现行立法模式，国家转变与民争利的立法取向，而变为以市场价格和市场交易为基本的立法模式。其中，最为重要的则是将有限取得所有权主义作为一项基本的归属规则。我国埋藏物的立法，考虑到实际情况不可能进行单独立法，在未来制定民法典或进行物权法修改时，要进行精细化的立法。① 也就是说，在将来的立法设计和立法选择时，不应将目光局限于某一种立法模式的借鉴，不宜再以“一刀切”的模式进行粗线条式的立法。②而应基于“广义埋藏物”前提下，将实践中出现的不同情况予以归纳总结，依照发现对象的不同特点，适配不同的规则，系统性地利用“各取一半的优先取得所有权”、“报酬请求权”以及“国家取得所有权主义”等规则，进行类型化、系统化设计。

（三）发现人取得全部所有权的条件性

前文已述及，发现人依照先占自由主义享有被发现埋藏物的全部所有权不具有可取性，但发现人有限取得所有权主义为大陆法系多国民法所采取，实际上也同我国古代的相关立法异曲同工，因此发现人有限取得所有权主义具有较强的合理性，当为立法所采。但是，是不是发现人无论何种情况下，都只能取得所发现埋藏物的部分所有权呢？事实上，发现人取得发现埋藏物的全部所有权仍然是可能的，但应当符合一定的条件。也就是说，发现人取

① 参见王建平：《埋藏物乌木发现者权益的立法逻辑比较分析》，载《西南民族大学学报（人文社会科学版）》2013年第1期。

② 参见从我国的立法现况观察立法条文的多寡，广义埋藏物中以文物、矿产资源和古生物化石的顺序排序，而狭义埋藏物规则通常是条款数量最少的一种。

得埋藏物的全部所有权具有条件性。

第一,在自己物中发现埋藏物。以法国立法为例,《法国民法典》第716条规定,埋藏物的所有权,属于在自己土地内发现之人;如埋藏物发现于他人土地内,其半数属于发现人,半数属于土地所有人。这一规定是较为典型的发现人取得所有权主义,特别是发现人有限取得所有权的规定。可见,如果发现人要取得所发现埋藏物的全部所有权,只能是在自己物中而为的发现。在他人物中所为的发现,发现人要与空间权利人,也就是包藏物的所有人均分埋藏物的所有权及其相关利益。此种情况下,可从两个角度理解发现人最终取得了埋藏物的全部所有权。首先,在自己物中所为的偶然发现,作为发现人而言,其应与包藏物所有权人均分埋藏物所有权,但此时发现人与包藏物所有人竞合,即同一个主体,但以发现人身份获得一半所有权,又以包藏物环境人身份获得一半,实际上完整的所有权归属于一人。此时,虽然逻辑上可以这么推演,但实际上若法律上有类似于《法国民法典》第716条即"埋藏物的所有权,属于在自己土地内发现之人"的规定,尚不能将主体获得完整所有权的情况作这样的区分,而是该主体获得全部所有权的来源为法律的直接规定,而不是份额综合而在结果上的同一。其次,发现人在自己所有物中出于预定计划的发现。此时,发现人通过对自己物的破坏,而将埋藏物脱离出包藏环境,可以看作包藏物所有权人对自己物的使用,其当然可拥有对其中发现的埋藏物的全部所有权。当然,若法律上亦直接作出与《法国民法典》相类似的规定,则最终的归属仍来自法律的直接规定。

第二,对小微埋藏物的先占自由。这一条件在目前的埋藏物立法中似无太多可资借鉴的立法例,这实际上涉及埋藏物制度与先占制度的交叉与协调。但对埋藏物以先占自由获得全部所有权是基于何种规则基础,颇值得讨论。根据《意大利民法典》第923条规定,可以通过先占取得不属于任何人所有的动产。不属于任何人所有的动产指抛弃物以及可以猎取或者捕捞的动物。动物在此自可不必讨论。也就是说，对于先占制度可能涉及的对象仅抛弃物一种。若某物属于抛弃物且处于埋藏状态下，到底适用埋藏物制度还是先占制度存在模糊不清的情况。况且，抛弃物与遗失物实际上也难以进行判断，通常法律均规定推定规则，即两者难以判断时，推定为遗失物。可见，要以先占自由获得埋藏物的所有权，不能仅以发现对象的性质作为判断标准。也就是说，不能单纯以该物是不是抛弃物作为判断标准。而应当综合该发现物的价值作为判断标准，即若发现的所有人不能判明的埋藏物价值较高，则适用埋藏物发现制度，通过公示等程序后无人所有则可由发现人与埋藏物环境人原始取得所有权。若该物所有权人不能判断且价值较小，则由发现人取得所有权。这一主张，早在 20 世纪 90 年代即有学者提出，认为可以“把《民法通则》第 79 条第 1 款修改为：所有人不明的埋藏物、隐藏物，归国家所有；其中价值不大的，可以归先占者个人所有。至于价值大小的界限，可在司法解释中具体规定。”①笔者认为，区分埋藏物的价值大小以适配规则，综合考虑了发现人的思想觉悟和道德水平，以及制度实现的经济性与效率性，是在进行综合立法设计时值得借鉴的方案。

三、价值极高自然物的报酬请求权

发现人取得报酬请求权，作为大陆法系民法的立法实践体现在瑞士民法中。瑞士民法规定，埋藏物的所有权是归属于发现地点的土地或动产所有人所有的，发现人可请求不超过埋藏物本身价值半数的报酬。一般说来，报酬请求权是与发现人取得所有权并列的两种不同的立法例。笔者认为，在一般狭义的民事埋藏物

① 刘心稳著：《新中国民法学研究述评》，中国政法大学出版社 1996 年版，第 364 页。

的发现制度上,应以发现人有限取得所有权为基本制度取向和借鉴模式,但考虑到社会生活的多样性,以及需要亟待回应与解决的社会现实,不妨在对埋藏物发现进行精细化立法的时候,对于民事埋藏物发现的处理规则上兼采两种模式,将发现人取得报酬请求权作为埋藏物发现的制度补充,划定其适用范围。

如果单独采取埋藏物发现人取得所有权主义,则某些被发现的埋藏物虽然从性质上不属于特殊埋藏物,不宜被特殊规制,但从价值体量上来看,任由发现人取得全部所有权(自己物中)和部分所有权(他人物中)又不利于发现人利益与社会利益、公共利益的协调,且可能造成对行为人的不当激励。例如,近几年多发的天价乌木案件,虽然从物的性质来讲,作为被埋藏的自始无主物,所有权人自然无法判断,现行法律完全收归国有虽不具有合理性,但由于乌木价值体量巨大,赋予发现人所有权主张的权利亦显得利益失衡。与此同时,乌木并非完全都属于价值巨大的物,它可因树种不同而价值不同,例如,彭州吴高亮发现的是价值极为昂贵的金丝楠木,但实际上在当地还出现过其他的乌木,不仅从数种上造成价值的差异,也可因树木形态是否完整等因素影响到价值评估。换句话说,当发现人发现的乌木仅仅是零碎的、不成形的、不易加工制作改造的,即便从树木种类来说属于金丝楠木,也可能并不具有太大价值,并且当地居民捡拾乌木枝丫,也便当成了柴烧了。因此,对于乌木这样的具有显著特点的埋藏物如何规制,需要认真考量。

发现人的报酬请求权主义则可以恰当地解决此问题。具体而言,《瑞士民法典》第724条规定,学术价值极高的无主的自然物或文物,一经发现,归发现地的州所有。另外,自然物或文物的发现人及埋藏物的埋藏地所有人,有请求相当报酬的权利。但报酬的数额不得超过该物本身的价值。从上述法条规定可知,埋藏物的所有权归属于发现地点的土地或动产所有人所有。发现人并不能在所有权归属上请求份额,其“报酬请求权主义”下的请求份额是回应发现人权益的报酬与价金，发现人至多可能获得相当于埋藏物价值的半数的报酬，而具体是多少并无明确与具体的规定。

纵观大陆法系国家，仅有瑞士一国采取发现人报酬请求权主义，而在物权即所有权归属上，采取的是一元化的处理，即只归属于包藏物所有人。这样的立法模式与我国现行模式类似但又有所区别，我国规定发现埋藏物一律归国家所有，并规定给予表扬或物质奖励。我国《民法通则》中所规定的给予上缴单位和个人表扬或物质奖励，并无具体而明确的实施细则，并且将“表扬”这一精神表彰方式置于物质奖励之前，且使用“或”字，即代表给予了表扬甚至可以不给予物质奖励，体现出了浓厚的社会主义立法特色，即强调社会个体对社会整体、对国家的贡献，甚至是不求回报的贡献。更重要的是，我国虽然在物权归属上也实行的是一元化处理方式即归国家所有，但却没有恰当考虑到埋藏物被发现时的空间固定要素即环境要素，不区分具体情况不考虑具体环境而一概归属国有，较之《瑞士民法典》的规定又显落后且不合理。

例如，在“四川彭州乌木案”中，发现人吴高亮及支持他的网友们认为，乌木谁发现则归谁，但他们却忽略了这批乌木是埋藏在吴高亮承包的集体土地之中这样一个基本而又简单的事实，而这正是埋藏物归属不得不考虑的空间要素。与此同时，根据现行法律，吴高亮发现的乌木归属于国家，而这样的规则对于吴高亮在承包的集体土地上发现这批乌木，构成了法理上的悖论——发现于集体土地上的无主物，土地所有人无权，反而国家这个“远端权利人”享有所有权，在逻辑上是讲不通的。且无论若是实行“发现人有限取得所有权”这样的大陆法系普遍做法，集体土地作为吴高亮承包法律关系的客体，也是发现这批乌木的“埋藏物环境要素”或

“埋藏物空间固定”，发包土地的集体至少还有一半的乌木所有权。①

笔者认为，瑞士民法的两点规定可资借鉴，即借鉴“学术价值极高的无主的自然物或文物”而在民事埋藏物中单独设置“价值极高的自然物”这一埋藏物类型，并在处理规则上借鉴“报酬请求权主义”。

一方面，“价值极高的自然物”的概念主要从两个方面进行定义：首先从性质上讲属于自然物，推导开来就是属于自始无主的物，不属于人类社会生活遗存物或加工物，从而排除抛弃物、文物等。其次是从价值上来讲，具有巨大的经济价值。某些埋藏物性质上虽属自然物，但价值评估上达不到“巨大”或“极高”的程度，从而将古树跟、零碎乌木等排除在外。并且，实际上这类的埋藏物也符合民事埋藏物的基本特征，如属于动产、埋藏于土地或其他物中、所有人不能判明等。主要包括被埋藏的乌木和陨石这两种自然物。

另一方面，对于发现价值极高的自然物的处理，则适用“发现人报酬请求权主义”。其内涵包括两方面：一是在发现价值极高的自然物时，在所有权归属上一元化、固定化，将所有权归属于发现时所在土地的所有人，而根据我国的立法现实，土地所有权只存在国家和集体两种情况，这样规定也较为符合我国的立法传统。二是赋予发现人报酬请求权，报酬上限可按照所发现物的价值的一定比例进行确定。

具体来看，特别是对乌木这样价值巨大的自然世界出产物，本身可能自始无主，从自然界资源利用的合理性限度角度来看，不同于“采蘑菇”“挖奇石”等，由发现人基于无主物先占直接取得全部所有权并不合理。我国现行的国家所有权主义，本身就因与民争

① 参见王建平：《乌木所有权的归属规则与物权立法的制度缺失——以媒体恶炒发现乌木归个人所有为视角》，载《当代法学》2013年第1期。

利而备受争议,在实践中也并不能平衡多方利益,亟待改造。价值极高的自然物虽然在法律性质上仍然系属狭义埋藏物的范围,在构成要件上与狭义埋藏物并无不同,但如果机械适用狭义埋藏物由发现人取得有限所有权,而与土地所有人均分,则又并未很好地认识到价值极高的自然物在价值构成等方面与一般意义上的狭义埋藏物所存在的区别,也容易不当激励行为人滥采滥挖。因此,将价值极高的自然物在立法设计中单独考虑,在所有权归属上将一概归属国有改为归属于“埋藏物环境”权利人,即包藏物所有人,而赋予发现人适当的报酬请求权,以此来回应埋藏物发现人的发现权益。通过赋予发现人这样在物质上的请求权,使其有可能依照法律的规定获取物质上的收益,更加有利于发现人在发现价值巨大的自然物后妥善管理、积极上交,同时对于在此过程中,对发现人给予相关部门的积极配合、悉心管理从而使埋藏物价值重归社会利用所具有的正面社会价值予以精神鼓励与表彰,以作为发现人物质报酬之外的有益补充,也实有必要;但断不可本末倒置,只注重精神奖励而不重视物质反馈与关照。甚至从现有立法运行效果层面进行反思,只有将具体奖励比例或数额具体明确,方能打破“纸面上的权利”与“软性规定”的指责。

与此相对应地,致害/违禁型埋藏物被发现后,科以发现人以及时报告或上缴义务,从所有权归属上来看,因为这些物大多属于限制流通或禁止流通物,从而应属国家。致害/违禁型埋藏物区别于利益型埋藏物,其本身并不给发现人带来更多的财产利益,相反可能造成严重的社会风险,对于发现人的表彰,落脚点应当是其妥善保管、及时上缴等法律义务的遵守,因此,对其进行奖励不宜按照埋藏物价值确定,实际上也难以确定。因此在立法完善时,可以确定具体的数额而非比例从而对发现人给予表彰。

四、狭义埋藏物发现的归属程序

狭义埋藏物被发现后，并非直接发生埋藏物所有权归属的法律效果。“确认埋藏物的所有权，体现了立法者的价值判断。这种判断是基于埋藏物所有人不明的状态而作出的，而所有人是否不明，应经过一定的程序来确定。”①因此，对于埋藏物发现后“所有人不明”的判断，从判断标准上来说，是“应就物之性质、埋藏之状态、埋藏之时日等客观情形予以认定，而非以发现人之主观认识为判断标准”。② 从判断的路径来说，大多国家都将“所有人不明”作为适用埋藏物发现制度的构成要件之一，但对这一构成要件的证成并非来自发现人主动地证明该埋藏物“所有人不明”，而《意大利民法典》对埋藏物的定义中，“埋藏物是……任何人都无法证明自己是物品的所有人的、有价值的动产”则更加具有借鉴意义，法国民法上亦有类似意大利民法典的对埋藏物所有权人不明进行反向证成的规定，③而这样证明的实现从判断方法上来说，则是需要经过一定的程序方可确定。“程序的设立目的就在于使实体性的决定能按一定的顺序和手续作出，在程序的进行中，可将埋藏物的存在及其权利状态进行公示，扩大其所有人证明权利的机会，同时又通过认领人的举证和对各种证据的比较和鉴定，使所有人明确与否的决定更为准确合理。”④

---

① 常鹏翱：《论我国埋藏物发现制度的完善》，载《人民司法》2000 年第 6 期。

② 陈华彬：《埋藏物发现的若干问题》，载《法学研究》1995 年第 3 期。

③ 法国民法上规定，埋藏物必须是没有任何人可以证明其享有所有权的物。也许被埋藏的物本身可能有其所有权人，只不过人们并不知道这个所有权人到底是谁，并且也不能肯定有一天会有人会知道这位所有权人。如果某人能够举出证据证明其所有权，那么人们所面临的将是追还动产的问题，而按照普通法，动产追还的请求应当得到承认。参见[法]弗朗索瓦·泰雷、菲利普·森勒尔著：《法国财产法》，罗结珍译，中国法制出版社 2008 年版，第 502~503 页。

④ 常鹏翱：《论我国埋藏物发现制度的完善》，载《人民司法》2000 年第 6 期。

而当被发现的狭义埋藏物基于一定的程序,无人主张所有权或任何人都无法证明其对该物享有所有权,此时该物就将发生所有权归属。一种观点则认为,若此时无人认领则归发现人所有。这实际上就是"我发现故归我"的无主物个体先占理论的主张,亦即"发现人先占自由主义",不同的是比直接的无主物先占多了程序上的证明。应当说,在我国社会主义意识形态主导下,无主物个体先占理论在立法与司法实践中都是没有市场的,而从比较法维度进行考察,无论历史上还是现当代国际立法,在发现埋藏物制度领域内对发现人先占自由主义均不采赞同立场。然而,并非不存在发现人在经过公示后取得物件全部所有权的情形,它存在于发现人在自己所有的物中发现埋藏物的情形,发现人此时与包藏物所有人身份和主体竞合,则在排除了该埋藏物可能系属他人所有之物后,由发现人(同时也是包藏物所有人)取得该物件的所有权。而于自己土地上发现的埋藏物完全归发现人自己所有的规则,是从罗马哈德里亚努斯帝时期便确立起来的规则,并为大陆法系多国于后世民法中所继受。

前述立法规则,在我国几种物权法或民法典草案建议稿中,也多被吸收。"梁稿"第164条规定,"发现埋藏物,发现人应于发现之日起十日内通过报刊、广播或电视发布公告,自公告之日起满六个月,仍不知其所有人时,由发现人取得其所有权。但在他人的动产或不动产中发现埋藏物的,由动产或不动产的所有人与发现人各取得埋藏物的一半。"①"王稿"第95条规定,"自公告之日起满六个月,仍未有人申报权利的,发现人有权取得埋藏物的所有权。但若埋藏物是在他人的动产或者不动产中发现的,由动产或者不

① 中国物权法研究课题组编,梁慧星主编:《中国物权法草案建议稿附理由》(第二版),社会科学文献出版社2007年版,第344页。

动产的所有人与发现人各取得埋藏物一半。"①"徐稿"则相对规定得较为具体,规定了包括偶然发现与出于预定计划的发现两种情况,但在处理规则上也大同小异。其第 236 条规定,"在他人不动产中发现的埋藏物,由不动产所有人和埋藏物发现人均分。但发现人只能在偶然发现时,或者经土地所有人许可寻找埋藏物时,才能取得其份额。如某人提出在他人不动产中享有埋藏物且意欲寻觅,则可在指明其位于的地点且担保赔偿不动产所有人可能遭受的所有损失时,不经所有人的同意寻觅之。在其他情形,或者在不动产所有人就是发现人时,全部埋藏物归不动产所有人"。② "孟稿"也有类似规定,其第 15 条规定,"埋藏物准用本法第 14 条(拾得遗失物规则。——笔者注)的规定。但对无人认领的埋藏物,发现人和隐藏埋藏物的动产、不动产所有权人可向民政机关请求各取一半并承担相应的费用"。③ 可见,对于经过公告或认领程序确认无主的民事埋藏物,均确定发现人取得所有权,至于是全部取得还是部分取得,则取决于埋藏物发现时的空间位置,即在自己物中还是在他人物中发现。

基于埋藏物类型化的前提,辅之以埋藏物所有权状态的认定程序,不同的狭义埋藏物可设计如下归属规则:

第一,对于有主埋藏物的处理,虽有部分学者对我国现有对埋藏物有主时处理的规定多有诟病,认为应将埋藏物发现的范围限定在"无主埋藏物",但本书认为,基于广义埋藏物的立论立场,对于埋藏物有主或无主的判断是在埋藏物发生过后进行的判断。因

① 王利明主编:《中国物权法草案建议稿及说明》,中国法制出版社 2001 年版,第 24 页。

② 徐国栋主编:《绿色民法典草案》,社会科学文献出版社 2004 年版,第 332 页。

③ 孟勤国著:《物权二元结构论——中国物权制度的理论重构》(第三版),人民法院出版社 2009 年版,第 261 页。

此,经过相应的程序能够确定埋藏物所有权人或其继承人的,应当履行返还义务。并且,发现人在返还时,还可以请求适当的报酬。例如,“王稿”第96条就专门规定,“发现人在向所有人返还埋藏物时,有权请求适当的报酬”。①

第二,对于无主埋藏物的归属规则,则采取“发现人取得所有权主义为主,发现人报酬请求权作补充”的立法思路。也就是说,对于民事埋藏物而言,当没有任何人可以证明其对发现的埋藏物拥有所有权时,首要的处理规则选择是发现人取得所有权主义,自己物中发现则全部取得,他人物中发现则适用二分之一规则。对于乌木、陨石这类价值极高的自然物,则采取发现人报酬请求主义。

第三,对于价值极高的自然物,因为“自然物”的限定可知,该物必然是属于自然出产物,属于自始无主物,也属于无主埋藏物的范畴。前文已有述及,对该类埋藏物采取特殊规制,从归属上来讲较为简单,即固定为发现时所处土地的所有权人,而发现人享有一定比例的报酬请求权。

第三节　发现特殊价值埋藏物后发现人报酬请求权规则

一、文物

我国《物权法》第114条规定,“拾得漂流物、发现埋藏物或者隐藏物的,参照拾得遗失物的有关规定。文物保护法等法律另有规定的,依照其规定”。而在我国《文物保护法》中,对于文物的所有权进行了明确的规定,该法第5条明确规定,“中华人民共和国

① 王利明主编:《中国物权法草案建议稿及说明》,中国法制出版社2001年版,第24页。

境内地下、内水和领海中遗存的一切文物,属于国家所有”。可见,若埋藏物被发现后判断出系属文物,则发现人绝不可因此取得埋藏物的所有权甚至所有权份额,而一律归属于国有。此时发现人的发现权益系由国家给予精神鼓励或者物质奖励的方式予以实现的。《文物保护法》第12条列举了可以获得国家精神鼓励或物质奖励的事迹,其中在第4项“发现文物及时上报或者上交,使文物得到保护的”和第5项“在考古发掘工作中作出重大贡献的”,涉及对文物发现与发掘的表彰。① 在《文物保护法实施条例》第6条中,则规定“有文物保护法第十二条所列事迹之一的单位或者个人,由人民政府及其文物行政主管部门、有关部门给予精神鼓励或者物质奖励”。

对发现人发现埋藏物后,进行表彰和奖励,规定在我国《民法通则》第79条,该条规定的“给予表扬或者物质奖励”,表面上似乎兼顾了发现人的利益,其实是一个无强制力的“软条款”。一方面,它以“表扬”这种精神鼓励作为对发现人上缴埋藏物的激励和利益补偿,但这与现实社会中“经济人”追求物质利益的目标相冲突,很难得到发现人的认同;另一方面,法律条文中居于第二位的“物质奖励”方式,也只是给予了埋藏物接收单位一个自由选项,即接收单位有权选择是否采用物质奖励方式,并有权决定物质奖励的具体数额。实际上,这赋予了接收单位较大的自由选择与决定的权力,也实际上造成了接收单位与发现人地位上的不平等。这

① 除此之外,《文物保护法》第12条共列举了八项可表彰情形,包括:(1)认真执行文物保护法律、法规,保护文物成绩显著的;(2)为保护文物与违法犯罪行为作坚决斗争的;(3)将个人收藏的重要文物捐献给国家或者为文物保护事业作出捐赠的;(4)发现文物及时上报或者上交,使文物得到保护的;(5)在考古发掘工作中作出重大贡献的;(6)在文物保护科学技术方面有重要发明创造或者其他重要贡献的;(7)在文物面临破坏危险时,抢救文物有功的;(8)长期从事文物工作,作出显著成绩的。

样一来,发现人实际可以获得的利益不仅是没有保障的,也是不可预期的,尤其是在埋藏物价值较高的情况下,很容易引起一种事实上的利益不平衡。①

需要注意的是,对于狭义一般埋藏物的发现而言,在其他的大陆法系立法例中,大多并无关于对其进行表彰与奖励的规则,原因在于对发现人进行表彰与奖励,实际上是在保障或回应发现人的发现利益,是对发现人应有权利的保护。大部分国家通过赋予发现人取得所有权(全部或部分)这样的制度安排,已经实现了对发现人权益的保障。只有在采取"报酬请求权主义"的《瑞士民法典》中,还能看到相应的规则。在《瑞士民法典》中,对于埋藏物的所有权是归属于发现地点的土地或动产所有人所有的,发现人可请求不超过埋藏物本身价值半数的报酬。但仍需注意的是,此时发现人获得的虽然并非埋藏物的所有权利益,但发现人利益的实现是发现人的报酬请求权,是主动而为之的,而非被动地接受有关部门的表彰与奖励。

因此,对于埋藏物发现奖励与表彰规则的细化,更多集中在特殊埋藏物,特别是对文物等的发现上。我国《文物保护法》第 12 条规定,"有下列事迹的单位或者个人,由国家给予精神鼓励或者物质奖励","发现文物及时上报或者上交,使文物得到保护的"。《文物保护法实施条例》第 6 条具体确定由"人民政府及其文物行政主管部门、有关部门"给予奖励,至于奖励方式如何选择,物质奖励的具体数额,均无具体规定,亟待细化。

相比之下,国外的出土文物制度在发现人利益的保护方面有很多可借鉴之处。《希腊共和国第 5351 号"古物法"》规定,发现人若在两周内向最近的考古部门报告了发现的古物,"将获得所发现

① 参见荣荣:《埋藏物发现制度的法律问题研究》,复旦大学 2007 年硕士学位论文,第 32 页。

古物价值一半的奖赏，该古物归国家所有”；若在两周之后两个月之内报告，不能获得任何奖励；如果两个月之后仍不报告的，发现人将被处以两周以上六个月以下的监禁。《西班牙历史遗产法》规定，文物的发现人和发现物遗址上的所有人，有权获得所发现文物价值一半的现款补偿，但如果不履行文物发现后的上报义务，其受偿权将被剥夺。《意大利关于保护艺术品和历史文化财产的法律》规定，被偶然发现的文物归国家所有，由部长给予发现者一笔钱款或发给部分被发现物，以作为奖励。在任何情况下，奖励不得超过发现物价值的1/4。《日本文化财产保护法》规定，对于所有人不明的文化财产，收归国有，国家应当向文化财产的发现人和土地所有人支付相当于该物价值的一笔补偿金。① 可见，将奖励与表彰的规则予以细化，即多以文物价值的一定比例作为奖励数额的具体化，能够恰当地激励发现人上报上交文物的积极性，不仅保护了发现人的发现人权益，也间接地保护了文物不被私人侵占。

需要注意的是，发现被埋藏文物后的报酬请求权，须有两大条件：第一，该发现物已被相关文物行政管理结构鉴定为文物；第二，该埋藏物系属无所有权人或继承人的埋藏物。换句话说，通过发掘埋藏物而发现的文物，事实上并不完全是直接归属国有的，前文所称的埋藏物报酬请求权均以所发现埋藏物归公有或国有作为前提。这两大条件涉及我国《民法通则》《物权法》等民事法律与《文物保护法》等行政法律相衔接的问题。虽然根据《文物保护法》的相关规定，我国地下遗存的一切文物均归国有。但埋藏物发现首先是一个民法问题，是所有权取得的方式之一，因此，应当首先在民事法律轨道中进行评价，这与本书所强调的“广义埋藏物”为

① 参见国家文物局法制处编：《外国保护文化遗产法律文件选编》，紫禁城出版社1995年版，第8~233页。转引自荣荣：《埋藏物发现制度的法律问题研究》，复旦大学2007年硕士学位论文，第45页。

基础的制度设计逻辑是一脉相承的。

申言之,我国《民法通则》第79条实际创设了在埋藏物被发现后的两种处理路径,即埋藏物被发掘后再行判断是否有主,如果有主即归其所有,如果无主或无法判断是否有主则概归国有,将有主物纳入了埋藏物发现制度的评价范围。同样,所发现之埋藏物如属文物则归于国有或公有的大陆法系立法传统,系作为一般埋藏物发现后有限取得所有权的例外规定而存在的。也就是说,即便我国《民法通则》中对发现埋藏物的归属规则与传统大陆法系国家的做法有所区别,但在埋藏文物归属国有的规则作为一般埋藏物归属的例外予以适用上并无二致。这在我国司法实践中亦得到了确认。《最高人民法院公报》案例"汪秉诚等六人诉淮安市博物馆返还祖宅的埋藏文物纠纷案"确认,"私人可以成为文物的所有权人。被上诉人汪秉诚等六人能够证明涉案古钱币属其祖父所有,且被上诉人对其祖父的财产依法亦享有继承的权利,故涉案文物为祖传文物,属有主物。"①因此,发现的埋藏文物在满足条件的情况下,仍然不排除私人所有,并不全然归属于公有或国有。

二、矿产资源

根据《矿产资源法实施细则》第2条可知,矿产资源是指由地质作用形成的,具有利用价值的,呈固态、液态、气态的自然资源。矿产资源具有隐蔽性、分布不均匀性,油气矿产资源还具有油气水"三相共生"、埋藏深、油气层高温高压、油气易燃易爆等属性,决定了采矿业受地质、埋藏条件的约束大,并且影响安全的因素多。对于矿产资源,因为要达到"资源"程度,严格来说并不能因个人偶然的行为而为发现。当然,个人仍能因零星采集矿产,或偶然发现矿

① 《汪秉诚等六人诉淮安市博物馆返还祖宅的埋藏文物纠纷案》,载《最高人民法院公报》2013年第5期。

物质，从而引发专业团队对该矿物质出现区域进行勘测、探寻与开采。

矿业权含有探矿权和采矿权，两者具有内容不同的法律关系。① 探矿权，《矿产资源法实施细则》第 6 条明确为在依法取得的勘查许可证规定的范围内，勘查矿产资源的权利。采矿权，也在该条被定义为在依法取得的采矿许可证规定的范围内，开采矿产资源和获得所开采的矿产品的权利。

三、古生物化石

古生物化石的保护与文物的保护具有类似之处。并且，古生物化石也可以因为行为人基于事实行为或偶然状况予以发现，但从所有权归属层面来看，偶然发现古生物化石与偶然发现文物的物权法效果相同，即归属于国家。2011 年 1 月开始施行的《古生物化石保护条例》第 3 条规定：中华人民共和国领域和中华人民共和国管辖的其他海域遗存的古生物化石属于国家所有。国有的博物馆、科学研究单位、高等院校和其他收藏单位收藏的古生物化石，以及单位和个人捐赠给国家的古生物化石属于国家所有，不因其收藏单位的终止或者变更而改变其所有权。

在《古生物化石保护条例》中，并无对发现人给予精神鼓励或物质奖励的直接规定，仅仅在该条例第 9 条规定，县级以上人民政府应当组织有关部门开展古生物化石保护知识的宣传教育，增强公众保护古生物化石的意识，并按照国家有关规定对在古生物化石保护工作中做出突出成绩的单位和个人给予奖励。对于古生物化石，虽然在价值属性与利益代表上与文物系属不同类型，但在处理上具有一定的同一性，仍应对发现人赋予报酬请求权，以保障发

---

① 崔建远：《矿业权法律关系论》，载《清华大学学报（哲学社会科学版）》2001 年第 3 期。

现人的利益,并在实现权利义务均衡的基础上更好地进行古生物化石保护。

第四节　自然资源和自然孳息

一、自然资源的国家所有权

法律调整的自然资源并非自然界的全部资源。自然资源包括土地资源、水资源、矿产资源、生物资源、气候资源、海洋资源等。我国绝大多数自然资源都属于国家所有,仅对部分自然资源在立法上作了专门规定,例如,我国《土地资源法》《矿产资源法》《水资源法》《野生动植物资源法》《渔业资源法》《海洋资源法》等。这些资源是自然界的组成部分,但不是自然界的全部,例如,对一些自然资源(如太阳能等)的使用还未纳入法律调整的范围。

自然资源是国民经济与社会发展的重要物质基础。自然资源的合理开发利用是人类生存和发展的必要要求和重要内容。《宪法》第9条规定:“矿藏、水流、森林、山岭、草原、荒地、滩涂等自然资源,都属于国家所有,即全民所有;由法律规定属于集体所有的森林和山岭、草原、荒地、滩涂除外。国家保障自然资源的合理利用,保护珍贵动物和植物。禁止任何组织或个人用任何手段侵占或者破坏自然资源。”根据宪法,我国其他法律对自然资源的国家所有权也作出了相应的规定。① 我国《民法通则》第74条规定:“劳动群众集体组织的财产属于劳动群众集体所有,包括:(一)法律规定为集体所有的土地和森林、山岭、草原、荒地、滩涂等……”第81

① 例如,《森林法》第3条第1款:“森林资源属于国家所有,由法律规定属于集体所有的除外。”《草原法》第9条第1款:“草原属于国家所有,由法律规定属于集体所有的除外。国家所有的草原,由国务院代表国家行使所有权。”

条规定:“国家所有的森林、山岭、草原、荒地、滩涂、水面等自然资源,可以依法由全民所有制单位使用,也可以依法确定由集体所有制单位使用,国家保护它的使用、收益的权利;使用单位有管理、保护、合理利用的义务”。

可见,资源所有权,是依据《宪法》和法律,国家或集体经济组织对自然资源享有的直接支配与排除妨碍的民事权利。按照我国学界的通说,国家所有权中自然资源属专有财产,而集体所有权中自然资源则属重要财产。无论是专有财产还是重要财产,自然资源因其有限性和重要性,成了我国社会主义公有制的基石。① 法律上的国家所有,存在宪法秩序与私法秩序两个维度,两者在性质和规范意义上存在不同,后者是前者在私法上的落实,应采“种类法定主义”。② 学者亦指出,并非所有财产都应采取国家所有的方式实现规制目的,选择何种规制方式应考量多个因素并按照比例原则进行审查。③ 但无论如何,对于自然资源的所有权来说,是严格排除个体即私人所有的,具体到埋藏物发现层面,发现人更不可能因发现自然资源而取得相应的所有权。作为一个国家的基础物权,自然资源本身的有限性导致了它构成的二元性,基本形态是资源所有权和资源使用权,而衍生形态是资源使用权(非所有人使用权)及资源相关权。④ 而对于个人来说,其只能在自然资源物权的衍生形态中行使权利,而断然不可能行使对自然资源的所有权。

---

① 参见王建平、刘昕杰著:《民商法前沿问题研究》,四川人民出版社2006年版,第273页。

② 金可可:《论乌木之所有权归属——兼论国家所有权之种类及其限度》,载《东方法学》2015年第3期,第82~97页。

③ 参见朱虎:《具体法治中的宪法与部门法:国家所有和国家所有权——以乌木所有权归属为中心》,载《华东政法大学学报》2016年第1期,第14~26页。

④ 参见王建平、刘昕杰著:《民商法前沿问题研究》,四川人民出版社2006年版,第273页。

二、自然孳息的所有与限制

孳息，是母物所生之收益，不论是天然孳息即基于物的自然属性产生的，或者法定孳息即基于法律关系性质产生的，都是以原物或者基础法律关系作为前提。讨论自然孳息，必然涉及原物，特别是对天然孳息而言，无原物则无孳息。在“彭州乌木案”中，对于乌木的定性曾引发巨大争议，有法学家认为，该乌木系属孳息，应适用《物权法》第116条的规定，认为“吴高亮在河道中发现乌木，河道属于国家，那么乌木就应当由河道所有人即国家所有”。但亦有法学家对此持不同态度，认为“讨论孳息必须要有原物，没有原物就不能称作孳息。乌木找不到原物，因此不能认为是孳息”。[①] 根据我国《物权法》第116条的规定，天然孳息由所有权人取得；既有所有权人又有用益物权人的，由用益物权人取得。当事人另有约定的除外。可见，在我国现有的法律规定中，关于孳息所有权归属的规定是具体而明确的。

对于偶然发现的自然孳息的所有权归属，可能发生埋藏物发现制度与天然孳息归属的矛盾与冲突。通过对埋藏物发现制度适用条件的对照，可知发现人偶然发现某一被埋藏的天然孳息，是不适用埋藏物发现制度而由发现人取得所有人权益的。理由在于，埋藏物发现制度的适用条件之一就在于，该被发现的埋藏物属于“所有权人不能判明之物”，而与原物分离的自然孳息根据法律的规定，是归属于所有权人或用益物权人的，也就是说，该物的所有权人是能够判明的，故而不存在埋藏物发现制度适用的余地。但是发现人有无可能取得发现的自然孳息的所有权呢？答案是肯定的，即在满足一定条件的前提下，则可能出现这种情况。

---

① 李丽、曹桐：《法学家激辩天价乌木归国家还是归发现者》，载《中国青年报》2012年7月7日，第3版。

第一种情况，要使发现人取得所有权，则必须在主体上与法律规定的孳息取得主体竞合。也就是说，当发现人自己是原物的所有权人或者原物的用益物权人时，其可能取得孳息的所有权，只是此时取得所有权并非基于发现人的身份而已。

第二种情况则较为极端。其需要满足的条件在于，首先，该原物上并未附着有用益物权，亦即即便适用天然孳息归属的规则，也只指向原物所有人。其次，该原物实属于无主物，即原物的所有权人亦不可得知。最后，该孳息系处于埋藏状态下。此处之所以发生相应的所有权取得，其本质仍然是“埋藏性”发挥了规制覆盖的作用，将其纳入到了埋藏物的规制范畴。

孳息归属于原所有权人是确定孳息归属的最一般的原则。同时，“在民事权利主体依据一项民法上的权利取得对他人之物的占有，而且这种占有的目的包括取得孳息时，则孳息归属于有权占有者。例如，土地承包人承包他人的土地，土地的出产物不属于土地的所有权人，而为承包人所有。但是占有人占有他人之物的目的，明显不包括取得孳息物时，则占有期间原物所生的孳息仍要归属于原物的所有人，比如借用他人的母畜只为耕地，但在此期间母畜产下了幼畜，则该幼畜归属母畜的所有人所有”。[①] 这实际上涉及天然孳息被发现后用益物权人的利益问题，根据前述可知，用益物权人占有原物是基于民法上的权利，对该物的占有目的中含有取得孳息，如果法律不对此进行保护则会伤害用益物权人权利的完整有效行使。

因此，用益物权人发现被埋藏的自然孳息，其可根据法律的直接规定，以用益物权人的身份而取得该自然孳息的所有权，而不能以埋藏物发现人的身份取得所有权。

---

① 最高人民法院物权法研究小组编编著，黄松有主编：《〈中华人民共和国物权法〉条文理解与适用》，人民法院出版社2007年版，第347页。

第七章　致害/违禁型埋藏物发现后的归属与处理规则设计

第一节　致害/违禁型埋藏物的归属判断

致害型和违禁型埋藏物的归属判断理由，主要考虑的是致害型埋藏物具有的物的功用的特殊性。

致害型埋藏物在物的性质上属于人类社会生活中出现的制成物，其在功能上具有破坏人体完整与健康，对生态环境等造成破坏性影响作用。该类型的埋藏物，在现实生活中广泛存在，主要包括固体废料、放射性物质体、易燃易爆品等，还包括历史事件遗留的致害物品等。对致害型埋藏物的归属判断主要从两个层面考虑。

第一个层面是从该发现物的特性角度。致害型埋藏物最主要的特性就在于其致害的可能性,而此种致害的可能性则体现在几个方面。首先,发现人发现该致害物时,特别是从土地中进行挖掘行为时,可能导致该物被发掘出来之时已不是完整的形态,或者该物被完整发现后,发现人基于好奇等心理因素而为不当使用,则可能发生致害后果。其次,致害后果亦有可能覆盖不同的范围。最直接的是该致害物对发现人本人造成的直接侵害,扩展开来则可能造成周边的其他人的身体损伤和健康损害。更大范围来讲,若对该致害物不当使用或造成泄露等危害后不及时采取措施避免影响扩大,则有可能对一定范围内的生态环境造成破坏性甚至是灾难性影响。除这种直接基于物质层面的损害可能性之外,固体废料、放射性物质等的泄露,极容易造成可能受害范围内的居民的恐慌心理,控制不当则可能严重危害社会秩序。由此,因为致害型埋藏物所具有的极高的物质和社会危害性,对其进行严格管控实属必要。因为其埋藏于包藏物环境中,平时并不为人所知,该物致害的可能性多发于埋藏物被发现之时以及发现后的不当使用。因此,对该埋藏物进行所有权归属判断时,首要因素就是严格限制该物造成严重损害后果的可能性。

第二个层面则从发现行为本身的角度。与其他的埋藏物发现并无不同,当埋藏物被发现,特别是基于偶然而被发现后,发现人对该物有一个基本的判断,首先是确认该物是不是属于有主物,或者说是否可能判断出该物的所有人,以及对该埋藏物是什么有一个初步判断。一般来讲,致害型埋藏物虽然属于人类社会的制成物,但大多无法判断其所有权人的归属,因为致害型埋藏物一般体现为特定的物质形态,与社会生活常见物相比,更加难以确定所有权人。从普遍意义上来说,致害型埋藏物的外观上一般标识有提醒注意安全的图形或文字。但是,基于发现人文化程度、知识水平、见识层次等因素,实践中可能发生发现人虽发现了致害型埋藏物,但却不知情的情形。因此,发现人是否知情,在最终的法律规则配置上应予区别对待。

违禁型埋藏物，则主要指相关法律、法规禁止行为人持有的埋藏物类型，主要规定在我国《刑法》中。也就是说，埋藏物若为《刑法》规定为不得非法持有的特定物品，则属于违禁型埋藏物。在我国《刑法》中主要规定了两种持有型犯罪，即非法持有、私藏枪支、弹药罪和非法持有毒品罪。

非法持有枪支、弹药是指没有合法根据地实际占有或控制枪支、弹药，非法替他人保管枪支、弹药的行为也属于非法持有。因私藏枪支弹药的主体要求为依法配备、配置枪支、弹药的人员，故通过埋藏物发现而持有、占有枪支弹药并不构成私藏。枪支弹药具有杀伤性，也就具有了一定的社会危害性，我国对枪支弹药实行严格的管理，并配备了相应的法律制度。持有枪支弹药，则具有了非法使用枪支弹药，并造成严重社会危害后果的可能性。1979 年《刑法》将该罪规定为妨害社会管理秩序的犯罪，现行《刑法》则将其纳入危害公共安全罪，并修改了构成要件。① 由此可以看出，其对社会特别是公共安全可能造成的巨大危害。该罪规定行为人主观上须是明知，发现人从包藏物中发现埋藏的枪支弹药，根据一般的社会经验，则必然明知该埋藏物为枪支弹药，如果违反相应义务，则可能构成对该条的触犯。

毒品具有巨大的危害性。首先，从吸毒者个人角度而言，吸毒必然造成对吸毒者身心的巨大危害。其次，从社会危害的角度来看，吸毒者极易因为毒品对自身造成的巨大伤害而给家庭造成危害，使家庭陷入经济破产甚至家破人亡。同时，吸毒容易造成社会财富的巨大损失和浪费，毒品活动还造成环境恶化，缩小人类生存空间。毒品活动加剧诱发了各种违法犯罪活动，扰乱了社会治安，给社会安定带来巨大威胁。正是由于毒品具有如此巨大的社

① 参见张明楷著:《刑法学》(第四版),法律出版社 2011 年版,第 625 页。

会危害性，世界各国都对涉毒违法犯罪行为进行严厉打击，同时对毒品进行严格管控。我国《刑法》在第六章设专节对涉毒犯罪进行规范。

对于埋藏物发现人来说，其可能涉及的犯罪集中在非法持有毒品这一个罪名上。非法持有毒品，是指明知是毒品而非法持有且数量较大的行为。根据我国《刑法》第357条的规定，毒品是指鸦片、海洛因、甲基苯丙胺（冰毒）、吗啡、大麻、可卡因以及国家规定管制的其他能够使人形成瘾癖的麻醉药品和精神药品。《麻醉药品及精神药品品种目录》中列明了121种麻醉药品和130种精神药品。毒品包括天然毒品、半合成毒品以及合成毒品。天然毒品是直接从毒品原植物中提取的毒品，如鸦片。半合成毒品是由天然毒品与化学物质合成而得，如海洛因。合成毒品是完全用有机合成的方法制造，如冰毒。由此可知，即便是天然毒品也是经过人工提取，亦即需要人力加工制作才能成形。同时，非法持有毒品罪要求行为人主观上明知是毒品而持有，所以，发现人在发现埋藏的毒品时，须在主观上认识到其发现的是毒品，若不履行相应义务则可能触犯刑法。但因为毒品在物质形态上与其他社会生活中的常见物容易发生混淆，例如，白粉与面粉或头痛粉等医药用品等难以区分，故发现人有可能出现不知其为毒品的情况，此时在实践中的处理亦应区别对待。

持有是以行为人对物的实力支配关系为内容的行为。换言之，人对物的实力支配即是持有。持有型犯罪依然是侵犯法益的犯罪，而不只是对规范的违反。例如，非法持有毒品的行为，具有侵害公众健康的抽象危险。刑法规定持有型犯罪时，旨在禁止人们持有特定物品，进而禁止人们利用特定物品侵害法益，而不是命令人们上缴特定物品。① 但在民事法律评价领域，特别是在埋藏物

① 参见张明楷著：《刑法学》（第四版），法律出版社2011年版，第161~162页。

发现制度框架下,发现埋藏物作为动产所有权的原始取得方式,涉及埋藏物的物权归属问题。但同时枪支、弹药、毒品这类埋藏物,亦属于具有一定特殊性的特殊埋藏物,对其进行特别规制实有必要。无论是刑法还是民法,将枪支、弹药、毒品进行特殊对待,都是考虑到其作为物在使用功能上的巨大危害性,可能危害刑法所保护的法益,也可能危害民法所保护的对象。在民法上讨论这类特殊埋藏物的所有权归属,考虑的基点也正在于此。从刑法上的规定亦可得知,"禁止人们持有"与民法上否定个人对其所有是一脉相承的。在民法上,对一个完整的所有权而言,占有权能是题中应有之义,刑法上对持有这类物品的否定,映射在民法领域,就是对占有这类物品的否定,否定占有更遑论肯定所有。所以,对这类违禁型埋藏物的所有权归属进行判断,必然是否定埋藏物发现人对其拥有所有权主张的。

第二节　致害型埋藏物的发现与限制

一、致害型埋藏物发现的禁止

前文已有述及,被发现的埋藏物具有不同的价值要素,代表着不同的社会利益。而这样的社会利益与价值又分为积极的社会利益价值与消极的社会利益价值,也因此在种类上划分出利益型埋藏物与致害/违禁型埋藏物。对于致害型埋藏物而言,其更多地代表着消极的利益价值,并且致害型埋藏物造成危害性后果的原因和进路更为直接和显著,如易燃易爆、有毒、放射性物质等危险品,严重危害人体健康、危害环境安全、危害生态完整等,大多因其物质本身的不可控性,危害性后果的造成更多地也是因为物质本身的危险性。因此,对于致害型埋藏物需要严格管理和控制。

发现从形态上区分可分为偶然性发现与出于预定计划的发

现,即计划发现。对致害型埋藏物发现的限制与禁止也因发现形态的不同而略有区别。

首先,对于偶然发现致害型埋藏物而言,发现人发现该埋藏物后,可能存在知道或应该知道该物为致害型埋藏物,与不明知该物为致害型埋藏物的两种情形。由于致害型埋藏物具有的严重的致害可能性,因此法律应当赋予发现人以“保护义务”与“及时上缴义务”,如果发现人明知该物是致害型埋藏物,基于保护义务与及时上缴义务,能够在很大程度上排解致害型埋藏物的致害可能。问题就在于当发现人并不明知该物是致害型埋藏物时,因其故意或重大过失对该物进行不当使用,则极有可能造成重大社会危害。因此,对于致害型埋藏物的发现,应当与狭义的一般埋藏物的发现在程序上予以有效协调,亦即在立法上将“报告或上缴程序”纳入埋藏物发现后的处理程序。也就是说,无论发现人发现的是一般狭义埋藏物、文物等特殊埋藏物、违禁型埋藏物还是致害型埋藏物,其首要义务就是通知有关部门即报告义务,并视情况将埋藏物上缴。对于特殊埋藏物而言,报告及上缴义务的意义在于将物权归属法定而发现人不能提出所有权主张的发现物回归行政机关管理与处理,从而作为提出报酬请求或物质奖励的前提。对于一般狭义埋藏物而言,报告义务的意义则在于触发公告程序,以利于各利益相关人举证证明该物的归属,当有人能够证明时则归属该人,当没有任何人可证明该物的所有权归属时则依照二分之一规则进行所有权归属。具体到致害型埋藏物而言,报告与上缴义务则更为实际和必要,上缴有关机关可以有效排解致害型埋藏物的致害可能性,同时对发现埋藏物原则上一律报告或上缴的规定,也可以有效调和发现人明知或不明知该物为致害型埋藏物的两种情形,由此保证将违禁型埋藏物的致害可能性降到最低,同时利于国家有关机关对此类埋藏物进行管理与控制。

其次,对于出于预定计划而对致害型埋藏物进行发现,则应当严格禁止。换句话说，一般的社会主体、公民个体不得出于预定计划主动地对致害型埋藏物进行发现和挖掘。理由主要在于，致害型埋藏物因其致害可能性高，国家对其进行严格管理，对其具体的占有、保管、使用、存储、运输等大多予以强制性的规定，允许公民个人对已知可能存在的致害型埋藏物进行计划发现，可能因不达技术水平等因素造成严重的危害后果。

二、发现致害型埋藏物后的义务

发现致害型埋藏物之后的义务，典型情形下进行讨论的，是发现人发现某埋藏物之后已明知该物是致害型埋藏物后所负有的义务。

第一，发现人的报告义务。发现人发现致害型埋藏物之后，首先即负有报告义务，该义务总的来说源自致害型埋藏物所具有的巨大的社会危害性与致害可能性，基于对其管理与控制的合理需要，赋予发现人以报告义务。报告义务的功能在于，通过报告行为，使有关部门能够获知发现致害型埋藏物这一事实，并采取一切必要措施对该埋藏物进行管理与控制，防止危害后果的发生。

第二，发现人的保护义务。该种义务实际上贯穿在各种类型埋藏物发现之中，包括一般埋藏物、特殊利益型埋藏物等，所谓保护义务，即发现人在发现埋藏物之后，采取合理措施保证利益型埋藏物价值的保有或不因不合理保护而贬损，对致害型埋藏物而言则意味着采取合理措施不使危害扩大。若因故意或重大过失造成埋藏物毁损、灭失甚至危害性后果，则应承担相应的赔偿责任与侵权责任。

第三，政府部门的处理职责。政府部门在接到发现人的报告之后，则负有妥善处理被发现的致害型埋藏物的职责。在此职责之中，仍含有类似于发现人保护义务的职责，亦即政府部门的妥善保管与处理义务。政府部门对于该类致害型埋藏物，若能最终确定其所有人或继承人,在所有人或继承人认领之前,有关机关应当妥善保管,因故意或重大过失导致致害型埋藏物毁损、灭失时,应当承担赔偿责任。若该埋藏物虽属于致害型埋藏物,但系属无人能确定所有权归属的物,则在保管期间,仍需尽到谨慎注意,对该埋藏物进行妥善保管,因故意或重大过失造成危害性后果时,应承担相应的侵权责任。同时,因致害型埋藏物虽经行为人发现,但其造成社会危害的可能性高,不宜由发现人取得所有权,则在无其他所有人或继承人认领之时,政府部门有权处置该致害型埋藏物。

三、发现致害型埋藏物后受损的处理

致害型埋藏物最终发生致损后果,则要在债法上且主要体现在侵权法上承担相应的责任。根据我国《侵权责任法》的相关规定,对致害型埋藏物的致损,主要体现在高度危险物的损害责任;而高度危险物损害责任,是指因易燃、易爆、剧毒、放射性等高度危险物造成他人损害的,责任人应当承担的危险责任。① 对于致损后责任的承担,则根据责任主体、致害对象等不同而承担不同的责任。

(一)发现人自己受损

第一,发现人合法占有的情形。高度危险物的致损责任,首先要区分合法占有与非法占有。在发现人合法占有的情形下,适用《侵权责任法》第 72 条或第 74 条。此处所谓合法占有,即发现人对于致害型埋藏物的发现来自于偶然。也就是说,发现人之所以占有该物系经发现这一事实行为,从而排除了占有行为本身的违法性。

我国《侵权责任法》第 72 条规定:占有或者使用易燃、易爆、剧

---

① 参见马俊驹、余延满著:《民法原论》(第四版),法律出版社 2010 年版,第 1081 页。

毒、放射性等高度危险物造成他人损害的，占有人或者使用人应当承担侵权责任，但能够证明损害是因受害人故意或者不可抗力造成的，不承担责任。被侵权人对损害的发生有重大过失的，可以减轻占有人或者使用人的责任。因此，从该条的规定来看，发现人作为致害型埋藏物被发现后事实上的管理者、占有者，应当在致人损害时承担责任，但若受害人是自己则由自己自担损失。

问题在于，被发现的致害型埋藏物，在未经最终确认之前，可能存在多种可能性。特别是可能存在该物被发现后能够判断或能找到相应的所有人的情形，亦即该致害型埋藏物系属有主，且该物是因遗失或抛弃而被发现人偶然发现，则根据《侵权责任法》第 74 条的规定，[1]造成发现人损害的责任主体是所有人与管理人，归责原则是无过错原则且无抗辩事由。构成要件则是发现人合法占有、造成损害以及具有因果关系。

第二，发现人非法占有的情形，则比照《侵权责任法》第 75 条的规定，[2]由发现人自担损失。所谓非法占有，应理解为侵夺他人占有的行为具有违法性：其一，从文义解释的角度来看，非法就应当解释为违法性；其二，从目的解释的角度来看，《侵权责任法》第 75 条就是要加重因违法行为而侵夺他人占有者的责任。如果侵夺他人占有并不具有违法性，就难以证成责任的正当性。[3] 对于致害型埋藏物的发现人而言，出于对致害型埋藏物计划发现的禁止，若行为人出于预定计划发掘致害型埋藏物致损的，则可因行为的违

① 《侵权责任法》第 74 条规定，遗失、抛弃高度危险物造成他人损害的，由所有人承担侵权责任。所有人将高度危险物交由他人管理的，由管理人承担侵权责任；所有人有过错的，与管理人承担连带责任。

② 《侵权责任法》第 75 条规定，非法占有高度危险物造成他人损害的，由非法占有人承担侵权责任。所有人、管理人不能证明对防止他人非法占有尽到高度注意义务的，与非法占有人承担连带责任。

③ 参见奚晓明、王利明主编：《侵权责任法新制度理解与适用》，人民法院出版社 2010 年版，第 387 页。

法性从而认定为非法占有，则适用《侵权责任法》第 75 条的规定。

（二）第三人受损

第一，发现人合法占有的情形下，适用《侵权责任法》第 72 条。该条规定责任主体为占有者与使用者，因此，在发现人占有致害型埋藏物的情况下，责任主体具体为发现人，归责原则为无过错原则。但受害人过错、不可抗力可以作为责任人承担责任的抗辩事由。

第二，发现人非法占有的情形下，适用《侵权责任法》第 75 条。该条规定，责任主体为非法占有人，所有人与管理人对非法占有未尽到高度注意义务的，则与非法占有人承担连带责任。可见发现人、所有人、管理人都可能成为责任主体。与此同时，非法占有人遗失、抛弃高度危险物造成他人损害的，仍应适用《侵权责任法》第 75 条的规定，即由非法占有人承担侵权责任，所有人、管理人不能证明对防止他人非法占有尽到高度注意义务的，与非法占有人承担连带责任。① 仅就第 75 条而言，其归责原则为无过错原则且无抗辩事由。

（三）社会受损

致害型埋藏物系属高度危险物，可能危害、污染生态环境，若无具体受害人，则可能涉及环境污染的公益诉讼问题。根据《民事诉讼法》第 55 条，在诉讼中原告的确定规则为，对污染环境、侵害众多消费者合法权益等损害社会公共利益的行为，法律规定的机关和有关组织可以向人民法院提起诉讼。例如，《海洋环境保护法》第 90 条第 2 款："对破坏海洋生态、海洋水产资源、海洋保护区，给国家造成重大损失的，由依照本法规定行使海洋环境监督管理权的部门代表国家对责任者提出损害赔偿要求。"

---

① 参见马俊驹、余延满著：《民法原论》（第四版），法律出版社 2010 年版，第 1082 页。

另外，根据《侵权责任法》第八章环境侵权的有关规定，在归责原则上适用无过错责任原则。环境污染责任的构成要件是，存在污染环境的行为，并且污染环境的行为造成了他人的损害。

第三节　违禁型埋藏物的发现与处理

一、违禁型埋藏物发现及其归属

违禁型埋藏物主要是指在相关法律法规中禁止行为人持有的埋藏物类型。主要是指枪支、弹药、毒品等具体类型，对其规制主要体现在刑事或行政管理法律部门中。对违禁型埋藏物的发现与对致害型埋藏物的发现具有一定的相似性，仍然区分为偶然发现与计划性发现。对于偶然发现来说，可能因发现人是否明知该物是违禁型埋藏物，从而影响在刑法上对其持有该类型埋藏物的评价，也就是说，如果是明知该物是违禁型埋藏物，发现人在发现后仍故意持有，则可能触犯刑法而承担刑事责任。如果不明知该物是违禁型埋藏物，例如对毒品而言，可能因毒品性状等的不了解而不明知该物是毒品，则并不必然触犯刑法，但须与狭义埋藏物发现的程序安排相协调，适用其处理程序，而并非因发现人不明知就允许其任意处理或归属个人。对于计划性发现而言，不存在行为人不明知的情形，其发现并占有该埋藏物是出于预定计划、出于持有的主观目的，必然触犯刑法的相关规定，因此，对于行为人出于预定计划的对违禁型埋藏物进行发现是予以严格禁止的，同时也须承担相应的刑事责任。

从民事角度即物的归属角度来看，也要否定行为人特别是发现人对该类型的埋藏物的所有权。理由在于，无论是刑法还是民法，将枪支、弹药、毒品进行特殊对待，都是考虑到其作为物在使用功能上的巨大危害性，可能危害刑法所保护的法益，也可能危害民法所保护的对象。刑法上“禁止人们持有”与民法上否定个人对其所有是一脉相承的。虽然刑法上的持有或占有与民法上的占有略有区别，但总的来说否定行为人对该种物进行管领，甚至规定为犯罪；体现在民法上，则可以说对占有都进行否定性评价，更何况肯定发现人对其拥有所有权。因此，发现违禁型埋藏物的行为人，无论基于偶然发现还是计划发掘，都不能取得该物的所有权。

二、上缴义务与报告义务

发现违禁型埋藏物，发现人即负有将发现该违禁型埋藏物的情况进行报告，并将其上缴的义务。对于出于预定计划而对违禁型埋藏物进行发现而言，由于发现的目的就在于占有该埋藏物，故在一般情况下发现人必然不会履行上缴义务与报告义务，此时行为人也必然因非法持有而触犯刑法，因而对计划发现严格禁止。

对于偶然发现而言，如果行为人明知该物是违禁型埋藏物，则应当履行上缴义务与报告义务，这是刑事法律对违禁物持有的否定性法律效果在民法上的反映，从结果上来说也能最大限度地防止社会危害结果的发生。如果行为人不明知该物是违禁型埋藏物，依照一般埋藏物处理的相关程序，亦应当通过报告相关部门，以适用公告程序确认该物是否有所有人或所有人为何人。换句话说，即便是不明知被发现物是违禁型埋藏物，也要履行报告或上缴义务，只是在明知的情况下是一种强制性义务，否则可能触犯刑法或行政法规，而在不明知的情况下不履行相关义务，要承担民法上的相应责任。

如果行为人发现违禁型埋藏物后拒不上缴，要承担相应的刑事责任和行政责任。我国刑法中主要规定了两种持有型犯罪，即非法持有、私藏枪支、弹药罪和非法持有毒品罪。非法持有枪支、弹药是指没有合法根据地实际占有或控制枪支、弹药，非法替他人保管枪支、弹药的行为，也属于非法持有。我国《刑法》第 128 条第

1款规定：违反枪支管理规定，非法持有、私藏枪支、弹药的，处3年以下有期徒刑、拘役或者管制；情节严重的，处3年以上7年以下有期徒刑。另外，根据《刑法》第130条的规定，非法携带枪支、弹药、管制刀具或者爆炸性、易燃性、放射性、毒害性、腐蚀性物品，进入公共场所或者公共交通工具，危及公共安全，情节严重的，处3年以下有期徒刑、拘役或者管制。因此，对于发现埋藏的枪支、弹药的行为人来说，一般不属于依法配备枪支、弹药的人，且从一般社会经验出发，行为人通常能够从外观上辨别出发现的物为不允许个人非法持有的枪支、弹药，因此，如果拒不上缴或报告，则需要依照行为的不同而承担相应的刑事责任。

非法持有毒品罪规定在《刑法》第384条，即非法持有鸦片1千克以上、海洛因或者甲基苯丙胺50克以上或者其他毒品数量大的，处7年以上有期徒刑或者无期徒刑，并处罚金；非法持有鸦片200克以上不满1千克、海洛因或者甲基苯丙胺10克以上不满50克或者其他毒品数量较大的，处3年以下有期徒刑、拘役或者管制，并处罚金；情节严重的，处3年以上7年以下有期徒刑，并处罚金。非法持有毒品罪要求行为人主观上明知是毒品而持有，所以，发现人在发现埋藏的毒品时，须在主观上认识到其发现的是毒品，若不履行相应义务则可能触犯刑法。但因为毒品在物质形态上与其他社会生活中的常见物容易发生混淆，例如，白粉与面粉或头痛粉等医药用品等难以区分，故发现人有可能出现不知其为毒品的情况，此时在实践中的处理亦应区别对待。对于非法持有毒品或其他涉毒行为而言，行政法律上亦有规定，例如，我国《禁毒法》第59条规定："有下列行为之一，构成犯罪的，依法追究刑事责任；尚不构成犯罪的，依法给予治安管理处罚：（一）走私、贩卖、运输、制造毒品的；（二）非法持有毒品的；（三）非法种植毒品原植物的；（四）非法买卖、运输、携带、持有未经灭活的毒品原植物种子或者幼苗的；（五）非法传授麻醉药品、精神药品或者易制毒化学品制造方法的;(六)强迫、引诱、教唆、欺骗他人吸食、注射毒品的;(七)向他人提供毒品的。”

三、发现违禁型埋藏物后不当利用的法律责任

发现违禁型埋藏物之后,若不履行相应的上缴义务或报告义务,除可能因为非法持有而承担刑事责任以外,还可能因其他的不当利用承担相应责任。

例如,发现人发现枪支、弹药之后,不履行上缴义务或报告义务,而是非法持有或非法携带其进入公共场所或者公共交通工具,需要承担非法持有枪支、弹药罪以及非法携带枪支、弹药危及公共安全罪的刑事责任。但与此同时,发现人将发现的枪支、弹药用于进行其他的违法犯罪活动,则可能触犯故意伤害、故意杀人罪等,此时系发现人将被发现的违禁型埋藏物作为工具实施其他违法犯罪行为,应与非法持有枪支、弹药罪数罪并罚。对于毒品犯罪而言,刑法上对涉及毒品的各个环节都严加管理和规范,如果发现人在发现毒品之后,还涉嫌走私、贩卖、运输等行为,亦有可能触犯相应的罪名。

有学者认为,埋藏物为枪支、弹药、毒品时,发现人应无条件上交公安机关。由于上述物品均属禁止流通物,价值难以估量。因此,公安机关应当根据具体情况酌情给予发现人一定的报酬或荣誉。① 笔者认为,违禁型埋藏物发现后的不当利用,不仅仅在于将违禁型埋藏物作为工具从而实现其他类型的违法犯罪活动而为刑事法律所规制。但发现违禁型埋藏物之后的不当利用,却不局限于违禁型埋藏物的工具性不当利用。现行法律中对此并无特别规制,从立法论角度来说,未来在对埋藏物发现制度进行精细化立法

① 参见黄爱妹:《对〈民法通则〉中有关埋藏物所有权归属的思考》,载《琼州大学学报》2001年第3期。

设计时,须对行为人发现违禁型埋藏物苛加报告义务与上缴义务,如果发现人因为故意或者重大过失不履行该义务,造成危害后果的,仍然要承担相应的民事和行政责任。

第四节　埋藏物发现后致损致害的债法规制

一、致害/违禁型埋藏物发现后致害的必然性

致害/违禁型埋藏物之所以不同于利益型埋藏物,原因在于在埋藏物价值构造与所代表的利益分层上,同利益型埋藏物截然不同。价值代表的是物本身对人类社会的功用与效能,利益型埋藏物总的来说能够给发现人或社会带来财富增值、增加社会资源总量,从价值利益来看属于积极与正面的。致害/违禁型埋藏物则不同,致害型埋藏物是由于该类埋藏物本身的性质及性状具有造成损害的可能性,违禁型埋藏物则是由于其在致害结果上的严重性而为相关法律法规严格管控,从价值利益来看均属于消极与负面的。

致害型埋藏物与违禁型埋藏物由于在利益属性上的消极性与负面性,从物的功能与影响上来看,具有致害的必然性。原因主要在于:第一,致害型埋藏物在物的属性上便具有致害性。换句话说,该物本身即可不因人的行为的参与而造成致害后果。在《侵权责任法》中体现在"高度危险物"的规定上,而所谓高度危险物致人损害,是指"物的固有危险造成损害的责任","它表明物的危险程度较高,已经明显超出一般的危险"。① 第二,违禁型埋藏物从物的功能上来看具有致害性,但与致害型埋藏物所不同的是,其致害性

① 王利明、周友军、高圣平著:《侵权责任法疑难问题研究》,中国法制出版社2012年版,第594页。

的发挥并非来自物的属性,而来自物的功能。也就是说,需要人的行为的参与才能造成致害后果。违禁型埋藏物之所以被严格管理,正是由于作为物本身的价值上,只具有造成损害这一功能。例如,枪支、弹药虽可能用于战场上消灭敌人,但从对人的伤害性来讲是必然致害的,更不论在和平时期对枪支、弹药的不当使用。再如毒品,除了被人吸食从而对其造成巨大损害之外,一般来讲不具有其他功能。第三,对致害型埋藏物与违禁型埋藏物进行发现本身,使之复归社会,由于其代表着消极的价值与利益,因此,使致害风险倍增。也就是说,正是发现人的发现行为,使本来处于埋藏状态的静态致害物重归掌控与利用,使致害性突出暴露出来。并且,该两类埋藏物的发现,都涉及对社会管理秩序的危害,从这个意义上来说,这两类埋藏物被发现后,也具有致害的必然性。

二、埋藏物致害的侵权责任问题

埋藏物致害涉及受害人的救济问题。致害型埋藏物、违禁型埋藏物通常具有致害的必然性,致害实际发生之后,在行为人与受害人之间形成了侵权行为之债,受害人可请求救济。所谓请求权,是指请求特定人为特定行为(作为或不作为)的权利。对埋藏物致害来说,具体是指侵权之债请求权而主张对自己所受损害提供救济,而这正是作为救济法存在的《侵权责任法》所调整的对象和范围。

我国《侵权责任法》第2条规定,侵害民事权益,应当依照本法承担侵权责任。致害/违禁型埋藏物主要是对其他人的生命、健康安全和财产安全造成损害,而物权和人格权是绝对权,除权利主体以外的不特定义务主体都在法律上负有不侵害权利人权利的义务。这是一种法定义务,一旦违反此种义务造成了损害,即构成侵权。①

三、埋藏物发现损害的费用请求权

埋藏物发现行为，是一个将处于埋藏状态的物独立出来从而为人所支配的过程，除了认识埋藏物之所在之外，还包括将埋藏物脱离埋藏环境，而这一过程必然涉及对埋藏物环境即埋藏空间的破坏，必然造成空间权利人的利益受损。因此，立法过程中不能仅仅考虑发现人的权利保护问题，立法应当赋予空间权利人费用请求权以实现利益平衡。

对狭义一般埋藏物进行发现，区分为偶然发现与计划发现，对埋藏物空间权利人利益的保护，因不同的发现行为，并因是否有偿而略有不同。

对于特殊埋藏物而言，亦存在这个问题。以矿业权为例，《矿产资源法实施细则》第21条规定："探矿权人取得临时使用土地权后，在勘查过程中给他人造成财产损害的，按照下列规定给以补偿：(一)对耕地造成损害的，根据受损害的耕地面积前三年平均年产量，以补偿时当地市场平均价格计算，逐年给以补偿，并负责恢复耕地的生产条件，及时归还；(二)对牧区草场造成损害的，按照前项规定逐年给以补偿，并负责恢复草场植被，及时归还；(三)对耕地上的农作物、经济作物造成损害的，根据受损害的耕地面积前三年平均年产量，以补偿时当地市场平均价格计算，给予补偿；(四)对竹木造成损害的，根据实际损害株数，以补偿时当地市场平均价格逐株计算，给以补偿；(五)对土地上的附着物造成损害的，根据实际损害的程度，以补偿时当地市场价格，给以适当补偿。"对采矿权而言则更为明显，矿产资源的开采，必然破坏土地状态的完整，影响到空间权利人的权利。因此，我国《矿产资源法》第

---

① 参见马俊驹、余延满著：《民法原论》(第四版)，法律出版社2010年版，第978页。

32条规定,开采矿产资源给他人生产、生活造成损失的,应当负责赔偿,并采取必要的补救措施。这实际上涉及矿业权与一般私权之间的权利平衡问题,探矿权人、采矿权人必须按照勘察实施方案和矿产资源开发利用方案实施勘察开采行为,与相邻探矿权、采矿权勘察区块或者矿区范围保持合理间距,架设水电、通信和运输管线时不得影响相邻探矿权、采矿权的权利、破坏占用的土地及环境,或者将必要的损害降至最低程度、向受害方提供经济补偿,并确保不影响矿区周边的安全。①

① 刘欣:《物权法背景下的矿业权法律制度探析》,中国人民大学2008年博士学位论文,第129页。

结　语

一、建立科学的埋藏物利益关系处理规则

埋藏物发现，是引起物权变动从而原始取得动产所有权的事实行为，而物权变动又必然影响到相关人的权益。因此，埋藏物发现制度实际上是为了保障物的支配制度的稳定，从法律上重新建立物权支配秩序。从埋藏物角度来讲，埋藏物本身具有价值，狭义民事埋藏物价值构成较为单一，但从有用性与可利用性上与普通大众的社会生活息息相关，实际上凝结了普通社会公众的诸多利益。特殊埋藏物价值构成复杂多元，价值成分呈现复合性，凝结并代表着人类的生存利益、文化利益等诸多利益。从埋藏物发现角度来讲，埋藏物深藏于其他物中，并不易为人所窥探或所见，而发现行为则使这些物重归社会，使社会主体能够再次通过对物的利用而实现物的价值实现。因此，埋藏物发现制度的处理模式选择中还蕴含着对发现人利益进行保护和重视的意味。而

这也是一个利益保护的循环:若在行为人发现埋藏物之后,不对发现人的利益给予足够的重视和保护,发现人实际上没有动力正确地处理被发现物,而这又极易导致埋藏物特别是重要的埋藏物,例如价值巨大的物、文物等的毁损灭失。如果立法过分强调发现人权益的保护,在制度设计上做出不利引导,则有可能不当鼓励行为人的发现,也会造成埋藏物秩序乃至生态环境秩序的严重混乱。

"法律必须对所有重要(社会典型的)的生活事件和利益冲突进行调整","法律调整的范围在扩大、统一评价体系以及如何和谐地适用法律显得日益突出"。① 现有规则对乌木等物质对象的调整不适,也反映着法律本身的不当性。成文法律面对法社会基础的"动态化",应当有所回应。因此,构建科学的埋藏物利益关系处理制度,实有必要。

市民社会,是以利益客体即商品财产的交换,遵循平等、诚信、自治为基本特征的世俗社会。市民社会需要尊重私人生活的自治性,标志着国家对个人理性的尊重。在民事领域,良好的法律规范将国家政治权力尽可能地排斥在私人生活以外,市民社会中的个人以自身的理性依据法律预期自身的行为后果,从而生活在安全有序的社会环境中。② 具体到一个科学的埋藏物利益关系处理制度的构建上,就是对要在这一制度领域,对各民事主体的利益做到充分的尊重和保护,通过制度合理地调配各项权利和义务,实现总体上的利益平衡与利益实现。法益,是具有法律意义的利益,法益的实现对个人和社会都有相当重要的意义,具体说来体现在以下几个方面:③第一,法益的实现是个人权利的实现和保障;第二,是对个体精神需求之满足;第三,对社会而言,法益的实现首先是维

① [德]魏德士著:《法理学》,丁晓春、吴越译,法律出版社2013年版,第21页。
② 参见王建平著:《民法法典化研究》,人民法院出版社2006年版,第2页。
③ 参见胡平仁等著:《法律社会学》,湖南人民出版社2006年版,第240~241页。

护秩序的稳定和延续;第四,法益的实现,是社会对利益、对资源的有效分配的途径;第五,法益实现的过程也是显示法律秩序和新的法律规定之间不断交流、互动与契合的过程。因此,一个科学的埋藏物利益关系处理制度,必然是一个各方法益实现的过程,能够实现个人权利与精神利益的满足,能够保障社会秩序的稳定与延续,能够实现对社会利益和资源的有效分配,能够使制度更具有生命力。

民法调整平等主体之间的财产关系与人身关系。它一方面保护公民合法的私主体利益,另一方面也要衡平社会的整体利益。但是,如果法律不能在最大限度地回应社会现实的同时,平衡法律上所追求之价值并做好规则设定,那么人的自利本性将极大地削减法律的预期效用。我国的民事立法,由于长期以来的社会主义传统,体现出一种全包全揽的"超父爱主义"立法姿态,在埋藏物与无主物制度的立法上,可以明显感到,将所有人不明之物概归国有,其表明的立法取向是将资源的分配权紧紧抓在国家手中,背后的逻辑是否定私主体的个体意思,否定私主体的利益追求。但我们如果假设这样一种政治理论具有良好的出发点,即通过国家掌握资源的分配权从而实现最大限度之事实上的公平正义,那么我们不得不遗憾地得出这样的结论:法律规则的利他主义倾向,在利己主义的个人选择面前,收效甚微。现实中,发现埋藏乌木,甚至发现埋藏文物,只要其不是体量巨大容易为人知晓,个人将之据为己有的情况根本就是常态。而法律规则的不尽合理,却为这样的行为与现实披上了一层"不合法"的外衣。

从前文的分析中可以看到,在广义埋藏物的定义下,埋藏物类型不仅丰富而且覆盖广泛。利益物中即包含民事埋藏物与特殊埋藏物,特殊埋藏物又涵盖特别法上规定的文物、古生物化石、矿产资源等类型。与此同时,还存在与利益物类型相对应的致害/违禁型埋藏物。这么多的埋藏物类型,实际上是凝结着不同的社会价值,也代表着不同的社会利益,任何简单的、粗线条的、"一刀切"式的规则设计都难谓妥当。

对于文物、古生物化石、矿产资源等特殊利益型埋藏物来说，法律规定所有权归属于国家，不仅符合我国的国体、国情，也与我国自身立法传统和世界各国立法情况相符。但对于一般民事埋藏物而言，则大可不必规定概归国有。实际上随着经济社会的进一步发展，特别是改革开放以来人们在思想意识观念上的更新与进步，已经为民事埋藏物制度的调整与变更做好了思想准备，经济水平的进一步提高、市场经济的发展、社会财富的增加促进了市民社会的发育与发展。对私有权利的保护，对社会个体"私欲"的适当满足，实际上反过来会促进制度的完善、促进社会财富的增长，促进社会的进步与发展。对我国来说，埋藏物制度的改造与完善，不仅在于解决实践中出现的类似于"彭州乌木案"的实际案例，更重要的是认真反思民事立法、物权立法中"国家本位"的立法指导思想，正确梳理国家与个人在物权利益区分上的关系，真正构建一个科学的埋藏物利益处理模式与规则，乃至一个科学完善的物权制度体系。

因此，埋藏物的体系化构造，实际上表达着民法典编纂的技术化进路，即在利益格局空前复杂的当下，在适当保留规则解释空间的前提下，对立法架构的技术化处理宜细不宜粗。实现埋藏物制度乃至整个物权体系的精细化立法，更能见微知著实现民事立法的体系化。民法应当保持开放性，以回应社会的实践发展，但民法的开放性应当建筑于民法的体系性，在统一的规则形式、统一的私权价值、统一的制度逻辑下实现"规则的刚性"与"体系的弹性"相结合，真正发挥民法典调整社会的积极功能。

二、对国家先占权与个体先占理论的纠偏

物之归属当然是重要的，特别是在民法实现价值转型的语境下，无疑具有更为显著的时代意义。以"彭州乌木案"为标志，学界

与舆论界对于我国埋藏物立法乃至整个物权立法观念的检讨与反思达到了一个小高潮：乌木事件“折射了我国社会的观念变化和法理变迁……实质上是对民法体系的一种实质的内在价值关联的检讨”。[①] 因而，对乌木事件的反思乃至对整个埋藏物制度、动产所有权取得制度的检视，无不体现着对现代市民社会法律价值的重新审视，对市场经济背景下私权神圣与利益衡平的斟酌考量。

“今天，建国初期的那种一切归公的思维日益瓦解，各种利益关系应运而生，市民社会观念逐渐深入人心，我们开始越来越愿意用公私兼济的理念，甚至越来越朝向市场化的现代市民社会理念，来看待和调整各种利益关系。所以，这样一个事案，在今天凸显出一种积极意义，这就是我们社会核心价值不再是一切归公，而是各种利益关系兼济并发，或者说经济繁荣与社会极大丰富。所以，乌木权属纷争恰到好处地体现了我国三十多年来法律改革发展中的‘体系间距’。乌木归属之争，取决于我们能否在中国法律朝向民法市场化变迁过程中，决心以逐渐内化于其中的现代市民社会的法律价值，去理顺不同时期法律之间、不同法律规则的逻辑适用关系。”“一切尽归国有，我们的财富世界就会失去基于事理主义的普通动因，即使不是乌托邦也不会差距太远。”[②]这一事件，实际上深刻揭示了《物权法》立法的严重缺陷。那就是，《物权法》动不动就讲无主物和主体缺失的财产，规定或者判定为归国家所有，将国家这个行政主体降格为民事主体，过度扩大其利益范围，是“不适应市场经济发展要求”，导致物权立法价值缺失，扼杀先占制度并将政府置于不诚信地位的一种非常不妥的做法。[③]

---

① 龙卫球：《乌木权属纷争折射中国法理变迁》，载《河南法制报》2012 年 8 月 13 日。

② 龙卫球：《乌木权属纷争折射中国法理变迁》，载《河南法制报》2012 年 8 月 13 日。

③ 参见王建平：《乌木所有权的归属规则与物权立法的制度缺失——以媒体恶炒发现乌木归个人所有为视角》，载《当代法学》2013 年第 1 期。

然而,从另一个角度来看,虽然对于概归国有的立法现状批评甚多,但是吴高亮自己提出的“我发现固归我”的主张似乎也不应得到支持。事实上,我们如何对待埋藏物发现制度,一方面取决于立法者对相关利益攸关者的权益平衡与利益关照,一方面更植根于普罗大众对于因发现埋藏物而“取得所有权”这一问题所秉持的心理和态度。因此,不仅是现有的规则在反映社会发展实际与民众道德水平上存在相应滞后而应受批判,而且在面对规则重构的同时,当虚心接纳先进的立法成例,不妨以“拿来主义”的便利姿态来提高规则制定的效率。但更为重要的,是真正重视“法治的本土资源”,从本国人民的思想意识水平特别是法律文化心理上寻找制度构建的切入点。换句话说,我国的基本国情如何,我国的基本制度如何,我国公民的心理预期如何,都会在埋藏物精细化立法的过程中被立法一一作出回应。而这恐怕并非简单移植域外法例就能毕其功于一役。

因此,如将发现乌木与“采蘑菇的小姑娘”等量齐观,简单化地应用无主物先占制度,从法律上讲混淆了相应的制度区别,反映的恰恰是文化心理层面的罔顾现实,忽视“本土”。我国的思想传统、法治传统、制度传统都决定了,“公有思维”不仅是顶层设计者所提倡的,至少在现阶段也是长存于普通民众脑海中的。更何况,土地的公有制决定了大多数的埋藏物环境是以“公有”为主的,社会结构的差异、贫富差距的现实,往往都在指向一个重要的文化心理方向,即“不患贫患不均”。吴高亮怎么就因为自己偶然发现并挖出来一个乌木而将这成千上万的财富归为已所有了呢?物权法的功能之一在于定分止争,如果法律在此时对埋藏物发现的归属设置类似于无主物先占这样的规则,无疑会诱发相应的问题,形成“不良文化示范效应”。

从这个意义上来说,强调埋藏物环境,就是强调获取埋藏物也好、拾得裸露的自然物也好,发现该物之所在必然是具有相应权属的,或是国家,或是集体,或是个人,我们根本无法忽视这一点。乌木案中,这根发现在集体所有的空间中的乌木,在发现时即要发挥“埋藏物空间固定”或者“埋藏物环境”等环境性因素的法律效果。也就是说,即便是吴高亮作为发现人与埋藏物环境权利人集体各自取得一半的所有权,也要比吴高亮自己提出的发现的先占自由要合情合理得多。更为现实的在于,我国作为社会主义国家,财富本位应当是社会本位,而非个体本位,这与西方国家是不同的,这样的“本位构造”决定着立法时的价值趋向。所以,在乌木事件中,鞭挞、否定《民法通则》中对埋藏物发现尽归国有的说法甚嚣尘上,当然值得理解,现行法律也确实有不尽如人意的地方,但也绝不允许矫枉过正。按照我们的理论假设,最大的发现后处理规则和尺度底线也就是“一半归所有人”,这还取决于具体分析发现时的具体情形。而这恰恰又与大陆法系的先进立法例相契合,反向否定了“尽归发现人”的论调谬误,也就是说,在重视个人利益的西方国家,尚且如此,在公有制为主体,财富社会本位为特征的中国,埋藏物发现后尽归发现人的合理性究竟在哪里?

因此,将无主埋藏物适用先占自由主义,有矫枉过正之嫌。类似于乌木、陨石这样的价值极高的自然物,以无主物先占制度从而保证“谁发现谁所有”,则可能发生不当激励,刺激行为人滥挖滥掘,破坏秩序稳定。更何况,无主物先占制度虽在实践中作为习惯法仍有适用,但无主物先占,并未成为我国《民法通则》与《物权法》,甚至是进行之中的民法典编纂中的明确制度选择,以“先占自由主义”取代“先占权主义”以革弊除疾亦不足取。

三、埋藏物制度体系化与民法典编纂

埋藏物规则的内涵并非仅是“物之归属”这么简单,它与无主物制度,乃至整个动产所有权取得制度之间的制度联结,都反映着民法体系化的内在要求。法律对社会发展演进的回应,与对复杂

利益关系调整的必要,呼唤着规范的精细化与体系化。通过对埋藏物制度本身的体系化,或许也更能从根本上推动实现埋藏物发现后之归属的“分配正义”。

第一,如本书所论述,当前埋藏物制度,从所有权归属角度来看,较之于域外立法例,是存在较大问题的,最为根本的就在于缺乏对无主埋藏物的归属判定规则。从民法体系化的角度观察,这一问题表现出来的,正是埋藏物发现制度与无主物先占制度之间,存在制度适用边界模糊的问题。前文已有论述,埋藏物制度与无主物制度之间的适用标准,源自是否“埋藏”这一外观特征中。换言之,在所有权状态上属于无主的物中,“埋藏”与“裸露”才是划分埋藏物发现制度与无主物先占制度适用的分界线,而并不是仅仅从理论上推导从而得出有主物适用埋藏物发现而无主物适用先占制度的结论,事实上这样的认知也无法有效解决实践中的问题。事实上,只有清晰地判明制度适用边界,才能实现民法的体系化目标。因此,本书主张建立“埋藏物规则部分覆盖无主物模式”,应是可取方向之一。

第二,除所有权归属规则之外,程序上的处理规则仍然存在体系化的必要。当前的立法中,确立了埋藏物的界定、发现后关系处理,采用参照遗失物处理原则,表明立法者在埋藏物与遗失物之间的界限区分上,出现了严重的立法倒退与规则模糊化,这是《物权法》生效以来,无法妥当处理乌木事件纠纷的缘由所在。① 我国《物权法》中只是笼统地规定埋藏物的发现依照拾得遗失物来处理,该种做法明显忽视了两种物的区别,将两种不同性质的物按统一的法律要求予以规制,所实现的法律实效令人质疑。②

例如,我国《物权法》第114条规定,“拾得漂流物、发现埋藏物

① 参见王建平:《乌木所有权的归属规则与物权立法的制度缺失——以媒体恶炒发现乌木归个人所有为视角》,载《当代法学》2013年第1期。

② 参见杨靖:《埋藏物发现人权利研究》,西南政法大学2011年政法干警招录培养体制改革试点班硕士学位论文,第12页。

或隐藏物的,参照拾得遗失物的有关规定。文物保护法等法律另有规定的,依照其规定”。据此,发现埋藏物的法律效力包括:发现人负有通知、返还和交送义务,发现人有善良管理人的注意义务,发现人有费用偿还请求权等。然而《物权法》将埋藏物发现适用拾得遗失物规则的相关规定,导致只有当埋藏物的所有人或继承人发出悬赏广告,发现人才有权据此获得报酬。然而,埋藏物的发现本身具有偶然性,所以,发现人发现埋藏物又恰逢该物所有人或继承人悬赏寻找该物的情况,在现实生活中几乎不会发生,如此规定事实上否认了发现人享有报酬请求权。实际导致了埋藏物的发现人的报酬请求权无从谈起,埋藏物在属性和价值方面往往较之遗失物有着更重要的意义,然而发现人地位反而弱于拾得人。这种做法使法律权利的配置存在着制度间的不均衡,同时也不利于激励发现人切实地履行其法定义务。[①] 当前的立法中,例如《物权法》以八个条文来建构拾得遗失物制度,而埋藏物制度却仅仅一条,且在规范上属于“参照适用”的转致条款。从这个意义上来说,只要仍坚持简单化地参照适用拾得遗失物规则,埋藏物制度本身的精细化就不可能被建构出来,而民法的微观体系化则无法实现。

总结而言,现有立法上的埋藏物制度,从总体上至少存在两大体系化缺陷:一是与无主物制度的体系关系没有真正厘清;二是与遗失物制度间的规范适用并未实现体系协调。而基于“内部体系化”与“外部体系化”的民法原理,形式上的规范背后必然表达实质上的价值,因此,对埋藏物制度的规范改造,其根源还在于调适物权立法的价值功能。

体系是具有一定顺序和逻辑的系统构成。民法典编纂不仅在体例安排上要实现形式与内容的体系化,在具体制度内部也需要

① 参见韩松、姜战军、张翔著:《物权法所有权编》,中国人民大学出版社 2007 年版,第 402~404 页。

实现体系化目标。从这个意义上来说,埋藏物制度体系化是民法典体系化的需要。

第一,需要具有形式的一致性。目前埋藏物发现制度在《民法通则》和《物权法》中都仅有寥寥数语,形式上无法满足对复杂利益关系的调整,无主物规则更是付之阙如。因此,在民法典编纂中,埋藏物发现与无主物先占等其他动产取得方式应各有位置,并应细致甄别具体情况实现规则精细化,在互动关系中实现规则繁简得当,体量适中。

第二,需要具有价值的一致性。一部法典须有一以贯之的价值精神统领全局,还要顺应时代要求,体现时代精神。因此,民法典编纂以及埋藏物制度的体系化,在价值目标上应当立足于"最低限度的共识",即民法不仅保障平等、自由与安全,也要回应市场经济,保障神圣私权,凸显私主体在民事利益分配中的主体地位,摒弃国家权力对私权利益的无端干涉。

第三,需要具有逻辑的一致性。大陆法系的民法传统、民法构建的体系化要求,意味着民法典编纂和具体制度构建的逻辑立场与方法应当恪守一致。埋藏物体系化的前提,应以"埋藏性"作为事实根据,以此作为体系逻辑生发的起点。同时,要走出"逻辑的圈套",至少强调实践与经验对逻辑的证实或证伪。

而编纂一部体系科学的民法典,不仅是民法典的题中应有之义,也是本次民法典编纂的目标。2016 年 6 月 27 日,时任全国人大常委会法制工作委员会主任的李适时在十二届全国人大常委会第二十一次会议上作"关于《中华人民共和国民法总则(草案)》的说明",①关于"民法典编纂的任务"中明确,要编纂"一部内容协调

① 李适时:《关于〈中华人民共和国民法总则(草案)〉的说明》,载中国人大网,http://www.npc.gov.cn/npc/lfzt/rlyw/2016-07/05/content_1993422.htm,2019 年 6 月 6 日访问。

一致、结构严谨科学的法典”;在“民法典编纂的指导思想”中,则表明要“编纂一部体例科学、结构严谨、规范合理、具有中国特色、体现时代精神的民法典”。2017 年 3 月 8 日,时任全国人大常委会副委员长的李建国在十二届全国人大第五次会议上作《关于〈中华人民共和国民法总则(草案)〉的说明》,[①]表示编纂民法典的任务是要“编纂一部适应中国特色社会主义发展要求,符合我国国情和实际,体例科学、结构严谨、规范合理、内容协调一致的法典。”种种宣示,都表达出本次民法典编纂的预期目标。

其实,较之于法律行为,事实行为及其相关的制度设计无论在德国、日本,还是我国台湾地区,都只是法律行为的“配菜”,篇幅较短、言之甚简。[②] 作为事实行为的埋藏物发现,更是“配菜中的配菜”。但是从体系化的角度而言,如果忽视了事实行为,无法从相对意义上完善法律行为。本书意欲表达的观点在于,体系化并非某一重要规则、制度、观念的体系化,体系化与否不应当决定于制度规则本身重要与否。换言之,既然民法典编纂将体系化作为目标,而体系化又是一部科学的、良善的民法典应有的规范品格,那么体系化方法就应当成为民法典编纂的自觉选择。从技术进路上来讲,如果规则与规则之间没有形成微观体系,制度与制度之间没有形成中观体系,民法典的各个分编之间就更不可能在总则的涵摄下,形成宏观的体系。与之相交融的价值与逻辑一致性,将在非体系化的编纂过程中被人为破碎。因此,埋藏物制度的体系化,事实上是有重要意义的。

但令人倍感遗憾的是,当前的民法典编纂,并未回应埋藏物制度的改革需求。不仅在所有权归属上仍恪守国家先占权的立场,而且

① 参见李建国:《关于〈中华人民共和国民法总则(草案)〉的说明》,载《全国人民代表大会常务委员会公报》2017 年第 2 号。

② 参见常鹏翱著:《事实行为的基础理论研究》,北京大学出版社 2016 年版,第 8 页。

在适用程序上仍参照遗失物规则。在民法典物权编,无论是一审还是二审稿,均未实质性改动相关规则(包括拾得遗失物规则与埋藏物发现规则),通过民法典编纂的历史机遇完善埋藏物制度的期望,事实上已经落空了。这其实反映出我国民法典编纂中的一个重要特点,亦即"过度依赖现行民事法律":以现行民事法律为基础编纂民法典,并不等于照搬现行法或者只是将现行法改头换面地编入民法典,而是对现行法的超越。从当前民法典编纂的实际效果来看,情况并不容乐观。问题在于,对现行民事法律规范的"科学整理""系统整合",做得很不够。无论是内容构成、结构体例,还是概念和语言风格,都与现行法存在巨大的相似度,甚至现行法中存在的不足,有些也被原原本本地保留了下来。我们可以作出如下判断:本次民法典编纂基本上没有摆脱2002年"汇编"式民法典的命运。①

民法典一旦编纂完成,再通过某种方式对法典规则进行改变,事实上已无甚可能。这是由于,埋藏物制度在民法典编纂中的缺憾,是一种嵌构在"体系化缺失"中的系统性缺憾,而民法典作为民事一般法至高无上的权威地位,以及法治的现实要求,已经不再允许通过单行立法或者司法解释,对民法典已经确认的内容再作实质性的、体系性的调整。或许埋藏物制度在我国的立法上,将会成为一个"标本式"的窗口,用以管窥粗陋的立法技术、过时的价值思维,如何错失法典编纂的历史时机,并在意欲从"立法论"走向"解释论"的中国民法典时代中,成为一个无法恰切回应的尴尬。

---

① 内容来自柳经纬教授于2019年5月15日在西南财经大学法学院所作的《"南辕北辙"的民法典编纂》讲座记录。

参考文献

一、著作

1. [德]鲍尔、施蒂尔纳著:《德国物权法》(下册),申卫星、王洪亮译,法律出版社 2006 年版。

2. [德]卡尔·拉伦茨著:《法学方法论》,陈爱娥译,商务印书馆 2013 年版。

3. [德]魏德士著:《法理学》,丁晓春、吴越译,法律出版社 2013 年版。

4. [意]《学说汇纂(第四十一卷)所有权、占有与时效取得》,贾婉婷译,中国政法大学出版社 2009 年版。

5. [意]桑德罗·斯奇巴尼著:《物与物权》,中国政法大学出版社 1993 年版。

6. [意]彼德罗·彭梵得著:《罗马法教科书》,黄风译,中国政法大学出版社 2005 年版。

7. [法]弗朗索瓦·泰雷、菲利普·森勒尔著:《法国财产法》,罗结珍译,中国法制出版社 2008 年版。

8. [日]仁井田升著:《唐令拾遗》,东方文化学院东京研究所 2006 年刊。

9. [日]我妻荣著:《我妻荣民法讲义Ⅱ:新订物权法》,有泉亨补订,罗丽译,中国法制出版社 2008 年版。

10. [古希腊]亚里士多德著:《政治学》,吴寿彭译,商务印书馆 1965 年版。

11. [古罗马]优士丁尼著:《法学阶梯》,徐国栋译,中国政法大学出版社 2005 年版。

12.《瑞士民法典》,戴永盛译,中国政法大学出版社 2016 年版。

13.《意大利民法典》,费安玲、丁枚译,中国政法大学出版社 1997 年版。

14.《秘鲁共和国新民法典》,徐涤宇,北京大学出版社 2017 年版。

15.《瑞士民法典》,殷生根,法律出版社 1987 年版。

16.《德国民法典》,郑冲、贾红梅译,法律出版社 1999 年版。

17. 周枏著:《罗马法原论》,商务印书馆 2009 年版。

18. 尹田著:《法国物权法》,法律出版社 2009 年版。

19. 王泽鉴著:《民法物权第 1 册(通则、所有权)》,中国政法大学出版社 2001 年版。

20. 苏永钦著:《走入新世纪的私法自治》,中国政法大学出版社 2002 年版。

21. 史尚宽著:《物权法论》,中国政法大学出版社 2000 年版。

22. 郑冠宇著:《民法物权》,新学林出版股份有限公司 2015 年版。

23. 谢在著:《民法物权论》(上册),中国政法大学出版社 2011 年版。

24. 梁慧星著:《中国物权法研究》,法律出版社 1998 年版。

25. 梁慧星、陈华彬著:《物权法》,法律出版社 2007 年版。

26. 梁慧星主编:《中国民法典草案建议稿附理由:物权编》,法律出版社 2013 年版。

27. 王利明主编:《中国物权法草案建议稿及说明》,中国法制出版社 2001 年版。

28. 王利明著:《物权法研究》,中国人民大学出版社 2007 年版。

29. 王利明、周友军、高圣平:《侵权责任法疑难问题研究》,中国法制出版社 2012 年版。

30. 徐国栋主编:《绿色民法典草案》,社会科学文献出版社 2004 年版。

31. 江平、米健著:《罗马法基础》,中国政法大学出版社 1991 年版。

32. 孙宪忠著:《中国物权法总论》,法律出版社 2009 年版。

33. 申卫星著:《物权法原理》,中国人民大学出版社 2008 年版。

34. 孟勤国著:《物权二元结构论——中国物权制度的理论重构》,人民法院出版社 2009 年版。

35. 张文显主编:《马克思主义法理学——理论、方法和前沿》,高等教育出版社 2003 年版。

36. 张文显著:《法理学》(第三版),高等教育出版社 2007 年版。

37. 叶孝信著:《中国民法史》,上海人民出版社 1993 年版。

38. 孔庆明等著:《中国民法史》,吉林人民出版社 1996 年版。

39.《大清民律草案　民国民律草案》,杨立新点校,吉林人民出版 2002 年版。

40. 朱庆育著:《民法总论》,北京大学出版社 2013 年版。

41. 常鹏翱著:《事实行为的基础理论研究》,北京大学出版社

2016 年版。

42. 马俊驹、余延满著:《民法原论》,法律出版社 2010 年版。

43. 韩松、姜战军、张翔著:《物权法所有权编》,中国人民大学出版社 2007 年版。

44. 王建平著:《民法学》(上),四川大学出版社 2005 年版。

45. 王建平、刘昕杰著:《民商法前沿问题研究》,四川人民出版社 2006 年版。

46. 扈纪华著:《物权法知识读本——理解与适用》,研究出版社 2007 年版。

47. 张俊浩著:《民法学原理》,中国政法大学出版社 2000 年版。

48. 梅夏英著:《物权法所有权》,中国法制出版社 2005 年版。

49. 刘心稳著:《新中国民法学研究述评》,中国政法大学出版社 1996 年版。

50. 胡平仁等著:《法律社会学》,湖南人民出版社 2006 年版。

51. 张明楷著:《刑法分则的解释原理》(上),中国人民大学出版社 2011 年版。

52. 高铭暄、马克昌主编:《刑法学》,北京大学出版社 2007 年版。

53.《物权法》研究课题组:《中国物权法草案建议稿附理由》,社会科学文献出版社 2007 年版。

54. 全国人大常委会法制工作委员会编:《中华人民共和国物权法解读》,中国法制出版社 2007 年版。

55. 最高人民法院物权法研究小组编:《〈中华人民共和国物权法〉条文理解与适用》,人民法院出版社 2007 年版。

二、期刊论文

1. 张力:《先占取得的正当性缺陷及其法律规制》,载《中外法学》2018 年第 4 期。

2. 金可可:《论乌木之所有权归属——兼论国家所有权之种类及其限度》,载《东方法学》2015 年第 3 期。

3.《日本遗失物法》,许长帅译,载《环球法律评论》2009 年第 2 期。

4. 李永军、刘家安、翟远见等:《中华人民共和国民法物权编(专家建议稿)》,载《比较法研究》2017 年第 4 期。

5. 王建平:《乌木所有权的归属规则与物权立法的制度缺失——以媒体恶炒发现乌木归个人所有为视角》,载《当代法学》2013 年第 1 期。

6. 王建平:《埋藏物乌木发现者权益的立法逻辑比较分析》,载《西南民族大学学报》(人文社会科学版)2013 年第 1 期。

7. 李康宁:《论民法的逻辑表达》,载《法制与社会发展》2012 年第 5 期。

8. 王轶:《对中国民法学学术路向的初步思考——过分侧重制度性研究的缺陷及其克服》,载《法制与社会发展》2006 年第 1 期。

9. 屈茂辉:《论完善我国发现埋藏物制度的几个问题》,载《云南法学》2000 年第 1 期。

10. 王海明:《利他主义与利己主义辨析》,载《河南师范大学学报(哲学社会科学版)》2001 年第 1 期。

11. 金可可:《论乌木之所有权归属——兼论国家所有权之种类及其限度》,载《东方法学》2015 年第 3 期。

12. 朱虎:《具体法治中的宪法与部门法:国家所有和国家所有权——以乌木所有权归属为中心》,载《华东政法大学学报》2016 年第 1 期。

13. 陈华彬:《埋藏物发现的若干问题》,载《法学研究》1995 年第 3 期。

14. 徐国栋:《财宝概念研究两题》,载《现代法学》2017 年第

2 期。

15. 常鹏翱:《民法中典型事实行为的规范关系》,载《法学》2012 年第 4 期。

16. 常鹏翱:《论目的意思独立的事实行为》,载《法律科学(西北政法大学学报)》2012 年第 3 期。

17. 常鹏翱:《论我国埋藏物发现制度的完善》,载《人民司法》2000 年第 6 期。

18. 常鹏翱:《埋藏物发现的若干法律问题》,载《云南法学》1998 年第 2 期。

19. 屈茂辉:《物尽其用与物权法的立法目标》,载《当代法学》2006 年第 7 期。

20. 崔建远:《矿业权法律关系论》,载《清华大学学报(哲学社会科学版)》2001 年第 3 期。

21. 蔡德容、郑伟栋:《探矿权的法律属性及其意义》,载《中国矿业大学学报(社会科学版)》2006 年第 1 期。

22. 刘云生:《民法典取得先占取得制度之必要性与可能性透视》,载《河北法学》2005 年第 3 期。

23. 黄爱妹:《对〈民法通则〉中有关埋藏物所有权归属的思考》,载《琼州大学学报》2003 年第 3 期。

24. 文海兴、王晓光:《论无主物的先占取得》,载《中南政法学院学报》1992 年第 4 期。

25. 冯桂、李晖:《论先占制度适用的可扩展性》,载《西南政法大学学报》2003 年第 3 期。

26. 赖虹宇:《体系化视野下的埋藏物制度检视——以与无主物的关系为中心》,载《北京社会科学》2016 年第 3 期。

三、学位论文

1. 刘欣:《物权法背景下的矿业权法律制度探析》,中国人民大学 2008 年博士学位论文，第 40 页。

2. 沈芯吉：《埋藏物制度研究》，西南政法大学 2007 年博士学位论文，第 8 页。

3. 杨靖：《埋藏物发现人权利研究》，西南政法大学 2011 年博士学位论文，第 12 页。

4. 奚向鹏：《论我国发现埋藏物制度及改革》，大连海事大学 2011 年博士学位论文，第 4 页。

5. 李迪昕：《无主财产法律问题研究》，吉林大学 2013 年博士学位论文。

6. 荣荣：《埋藏物发现制度的法律问题研究》，复旦大学 2007 年博士学位论文，第 16 页。

四、新闻媒体

1. 龙卫球：《乌木权属纷争折射中国法理变迁》，载《河南法制报》2012 年 8 月 13 日。

2. 肖丕国：《确立埋藏物发现人有限取得所有权刍议》，载《人民法院报》2001 年 5 月 23 日，第 3 版。

3. 徐剑箫：《小伙路边小便冲出一个“宋三彩”》，载《成都商报》2014 年 4 月 27 日，第 4 版。

4. 赵晓林：《天价乌木背后利益法律博弈》，载《济南日报》2012 年 8 月 6 日，第 1 版。

5. 靳昊：《“天价”乌木到底归谁》，载《光明日报》2014 年 4 月 28 日。

6. 李丽、霄桐：《法学家激辩天价乌木归国家还是归发现者》，载《中国青年报》2012 年 7 月 7 日，第 3 版。

后　记

说来实在是惭愧，这本并不成熟的作品将是我人生中第一部独立署名出版的著作。不过即便如此不成熟，让我始终心怀忐忑，但说起它如何诞生，其实也有一段小故事。

我于 2011 年到 2014 年在四川大学法学院攻读民商法学硕士学位。期间，正值四川彭州天价乌木案举国瞩目之际，专家学者观点不尽相同，大众的朴素认知也与规范结论之间存在差距，社会议论纷纷。毫不夸张地说，类似的乌木案虽然时常发生，却只有彭州的吴高亮，以他执拗较真的性格，以及诉诸法律讨说法的行动选择，推高了整个埋藏物制度的现实声量，使这一传统得有些古旧、古旧得甚至被人遗忘的民法制度，一下子成为热点，引发对物权价值的反思并延宕至今。当时我的导师王建平教授围绕该案的主要争议，在多个核心期刊上发表论文、接受媒体采访，热情地参与了这场大讨论，也直接吸引了我深入研究这一主题。于是，在老师的悉心指导下，我和另一位同学从不同侧面分别开展研究，并试图两相合力形成一部完整的著作。在研二结束的那个暑假，已经完成了 10 万余字的初稿，许多观点与当时的主流讨论都大异其趣。其后，我将之作为毕业论文选题，并将核心观点凝练成 3 万字左右成文并顺利获得硕士学位。

硕士毕业当年，我考入西南财经大学法学院，开始跟随吴越教授研习商法学。记得在考博面试时，或许因为抽签排序第一个答辩而特别紧张，我抽到的题目答得都不是很好，场面一度让我垂头丧气。好在敬爱的马俊驹教授主动问起我的毕业论文写的什么，并询问主要观点，我当即重拾信心地与答辩老师交谈，总算跌跌撞撞地开始了读博之路。但是，当研究领域从物权法转向商法，虽并不是什么不可逾越的转型，但完成这一跳跃也是艰难的。民法思维（如物权思维）与商法思维（如股权思维），中间有着极难精确把握的区分线条，因此，对物权法或传统民法问题的研究逐渐搁置。但是，我对埋藏物这一话题仍难以割舍，原因就在于我始终感觉，即便以乌木为特定对象进行讨论，对埋藏物制度的全方位分析也仍是欠缺的。在读博期间，基于前期的思考和积累，我围绕“埋藏物与无主物的关系”这一命题，写作了《体系化视野下的埋藏物制度检视——以与无主物的关系为中心》一文，并十分顺利地发表在《北京社会科学》杂志上。那时我正身在台湾地区中正大学访学，在图书馆接到编辑老师电话时，我万分激动。这是我独立投稿、独立署名、独立发表的第一篇 CSSCI 期刊文章，于我来说意义是不言而喻的。更难得的是，该文还在当年荣获了“中国法学家论坛”优秀论文奖，给我莫大的鼓舞。

博士毕业后，在学院领导和老师的垂爱下，我有幸继续跟随高晋康教授从事师资博士后研究，开始一段全新的学术之旅。学术考核压力之下，我也时常在思考，一直被我束之高阁的埋藏物制度研究，还能否继续深入呢？时值我国民法典编纂热潮，人格权是否应当独立成编等宏大的议题牵扯着学术共同体的注意，我惊异地发现，发生在民法典开始编纂前几年的天价乌木案讨论，以及关于规范与价值缺失的共识，似乎并未凝集在这场以体系化、科学化为目标的法典编纂当中。我朴素地认为，如果微观制度都未实现体系化，一部号称体系化的法典，其成色是殊为可疑的。带着有些天真的想法，也是出于完成科研任务的目的，我抱着尝试的心态，重新认真整理基本观点，申请了四川省哲学社会科学青年项目资助，未曾想有幸得中，更促使我要尽快完善研究。

从最初至今，一晃6年已经过去了，以本书的出版为节点，我的埋藏物制度研究将告一段落。甚至这个话题、这本小书也将随着即将到来的民法典，永远成为不会被发现的“学术埋藏物”。但正如前面回顾的一样，它伴随我从研究生阶段踏上科研之路直到现在，见证着我的点滴前进。虽然我时刻自省，并提醒自己要勤奋踏实，但终究能力所限，不敢妄言这一研究已经尽善尽美。相反我深知，本书还存在许多不深不透之处，对某些民法基础理论工具的应用还很生硬肤浅，对某些学术命题的提炼升华捉襟见肘。但成果付梓，在为自己留存一份痕迹之外，也就交付给未来的读者们批评指正了。

本书能够有幸出版，要感谢西南财经大学法学院的倾力支持，同时感谢法律出版社郑导编辑的辛苦工作。从学生到老师，身份转变，不变的是在学术之路上艰难求索，虽然自己总是进步缓慢，但还是要感谢我的三位导师，耐心地培养我，不厌其烦地对我敲打、批评，又给予我鼓励、支持；感谢鲁篱教授给予我的温暖关爱、敦促引领；感谢汤火箭教授、辜明安教授、吴元元教授、王伦刚教授的无私帮助与无限关怀；特别要感谢好兄弟杨继文博士的一路陪伴；感谢法学院所有的同事和老师们，让我体会宽容和温暖。

感谢我的所有好朋友们。感谢让我无比骄傲的学生们。

感谢我的父亲母亲及所有家人。千言万语,唯有更加努力,才能报答你们的无尽恩情。

最后,感谢平凡生活中或许未曾察觉的点滴变化,它型塑了当下值得我倍加珍惜的全部拥有!

2019 年 7 月于成都家中

西南财经大学法学院 **光华法学文丛**

- 契约正义论　胡启忠　著
- 刑法科学主义初论　文海林　著
- 经济宪法学导论
  ——转型中国经济权与权力之博弈　吴　越　著
- 中国农民工非正式的利益抗争
  ——基于讨薪现象的法社会学分析　王伦刚　著
- 公司经理权问题研究　杜　军　著
- 论保险代位权制度的建构
  ——以权利法定代位的制度选择为中心　黄丽娟　著
- 我国民间金融规范化的法律规制　高晋康 唐清利 等　著
- 修正金融刑法适用研究：
  立法·理论·实务　胡启忠　石　奎　等　著
- 银行监管权边界问题研究　熊　伟　著
- 金融控股公司内部治理机制研究　梁远航　著
- 城市住宅区业主自治运行实效研究
  ——基于个体决策的视角　陈　丹　著
- 遵从·背离·弥合
  ——我国中央与地方财政关系的重构　马骁　唐清利　等　著
- 中国农民专业合作社运行的民间规则研究
  ——基于四川省的法律社会学调查　王伦刚　著
- 公私权模糊领域的合作治理研究　唐清利　著
- 民法法典化的历史追究：
  侧重于民族统一与复兴的视角展开　吴治繁　著
- 疑罪新论　金　钟　著
- 中国相互制保险公司治理的法律规制
  ——基于公司治理主体权利视角　方国春　著
- 民间金融协同规制论　林越坚　著
- 公私权模糊领域的合作治理研究　唐清利　著
- 土地利用制度变化下的乡村社会治理法律机制研究
  何　真　等　著

西南财经大学法学院 **光华法学文丛**

- 我国地方政府间竞争失范法律治理机制研究　刘弘阳　著
- 法人代表权限制的效力规则研究
  ——基于案例统计和两大法系的比较法研究　吴　越　等　著
- 非法集资刑法应对的理论与实践研究　胡启忠　等　著
- 我国食品安全治理的信任机制研究　马力路遥　著
- 民法埋藏物发现制度研究　赖虹宇　著

图书在版编目(CIP)数据

民法埋藏物发现制度研究／赖虹宇著. -- 北京 ：
法律出版社，2020
ISBN 978-7-5197-4279-9

Ⅰ. ①民… Ⅱ. ①赖… Ⅲ. ①民法－研究－中国
Ⅳ. ①D923.04

中国版本图书馆 CIP 数据核字(2020)第 031504 号

民法埋藏物发现制度研究
MINFA MAICANGWU FAXIAN ZHIDU YANJIU

赖虹宇 著

策划编辑 郑 导
责任编辑 郑 导
装帧设计 汪奇峰

出版 法律出版社
总发行 中国法律图书有限公司
经销 新华书店
印刷 北京虎彩文化传播有限公司
责任校对 李景美
责任印制 张建伟

编辑统筹 独立项目策划部
开本 A5
印张 7.375
字数 178 千
版本 2019 年 12 月第 1 版
印次 2019 年 12 月第 1 次印刷

法律出版社／北京市丰台区莲花池西里 7 号(100073)
网址／www.lawpress.com.cn
投稿邮箱／info@lawpress.com.cn
举报维权邮箱／jbwq@lawpress.com.cn
销售热线／400-660-8393
咨询电话／010-63939796

中国法律图书有限公司／北京市丰台区莲花池西里 7 号(100073)
全国各地中法图分、子公司销售电话：
统一销售客服／400-660-8393/6393
第一法律书店／010-83938432/8433
西安分公司／029-85330678
重庆分公司／023-67453036
上海分公司／021-62071639/1636
深圳分公司／0755-83072995

书号：ISBN 978-7-5197-4279-9
定价：38.00 元
(如有缺页或倒装，中国法律图书有限公司负责退换)